William Paul Young

DIE HÜTTE
für jeden Tag

"Let me touch your eyes . . ."

WILLIAM PAUL YOUNG

DIE HÜTTE FÜR JEDEN TAG

365 Meditationen und Gedanken zur Güte Gottes

Aus dem Amerikanischen übersetzt
von Thomas Görden

Allegria

Die Originalausgabe erschien 2012 unter dem Titel THE SHACK:
REFLECTIONS FOR EVERY DAY OF THE YEAR im Verlag
Windblown Media, Newbury Park, CA 91320, USA

Allegria ist ein Verlag der Ullstein Buchverlage GmbH

Herausgeber: Michael Görden

ISBN: 978-3-7934-2250-1

Übersetzung: Thomas Görden

Umschlaggestaltung: FranklDesign, München

Titelabbildung und Coverdesign wurden übernommen von der
Originalausgabe, gestaltet von Marisia Ghiglieri, David Aldrich und
Bobby Downes.

Mit freundlicher Genehmigung der Windblown Media, Inc.

Gesetzt aus der Oneleigh, Sabon und Trajan

Satz: LVD GmbH, Berlin

Druck und Bindearbeiten: GGP Media GmbH, Pößneck

Printed in Germany

Für meine Mutter und meinen Vater

Bernice und Henry Young.

Für alle Zeiten wird über euch gesagt werden,

dass ihr ein Mann und eine Frau des Gebets wart.

Eine Botschaft an die Leser

Als man mit der Bitte an mich herantrat, dieses Buch mit Antworten, Reflexionen könnte man sagen, zu Zitaten aus Die Hütte zu schreiben, zögerte ich. Ich habe der Idee, eine Art Ratgeber oder Übungsbuch zu Die Hütte herauszubringen, stets kritisch gegenübergestanden, und zwar in erster Linie, weil es sich um ein fiktionales Werk handelt, eine Geschichte, einen Roman, der, so hoffe ich, einen Raum schafft, in dem die Leute hören können, was immer der Geist ihnen in der Phase ihrer Reise, die sie gerade erleben, ins Herz flüstern möchte. Ratgeber zeigen Ihnen, was die Autoren für besonders populär halten oder was sich für sie selber als nützlich erwiesen hat. Manchmal bekommt man dabei das Gefühl, dass das, was einmal ein Fluss war, in einen von Menschenhand erschaffenen Kanal verwandelt wird, der Sie zu einem einzigen, fest definierten Ziel führt.

Dieses Buch ist kein Ratgeber. Es gibt keine Fragen, die zu den richtigen Antworten hinführen sollen, keine verborgene Agenda und keinen Wunsch, das Boot zu einem vorher festgelegten Hafen zu steuern. Welchen Wert diese Zitate und Reflexionen haben, liegt ganz bei Ihnen, den Leserinnen und Lesern. Ich kenne Sie nicht. Ich weiß nicht, was sich gerade in Ihrem Leben abspielt – welche Freuden und welche Herausforderungen. Vielleicht befinden Sie sich zur Zeit im Zentrum einer Verwüstung oder im Auge eines Hurrikans. Vielleicht genießen Sie gerade das ruhige Wasser hinter einem Strudel, ehe Sie sich wieder in die Stromschnellen stürzen. Sie könnten in diesem Moment einsam sein oder verzweifeln,

oder aber von einer freudigen Welle des Erfolgs getragen werden.
Ich weiß es einfach nicht. Aber was ich weiß ist, dass diese Zitate einer
Geschichte von authentischer Menschlichkeit entnommen wurden und
dass es viel gibt, was wir gemeinsam haben, sowohl in unseren Fragen wie
auch in unserem Lebensprozess. Also ist dieses Buch eine Einladung, für
einen Moment innezuhalten, zu reflektieren, zu antworten, zu beten,
zu schweigen, zu weinen, zu lachen und Leben miteinander zu teilen.

Am Ende des Buches finden Sie eine Liste einiger meiner Freunde,
die gemeinsam mit mir die Zitate »reflektiert« haben. Wir sind alle
ganz normale Leute unterschiedlichen Alters, jeder mit seinem eigenen
Background, seinen eigenen Aktivitäten, aber wir teilen mit Ihnen unsere
Einzigartigkeit und unsere Menschlichkeit.

Danke im Voraus dafür, dass Sie es mir und einigen meiner
Freunde gestatten, in Ihre Welt einzudringen, und dass Sie mit uns
teilhaben an einer Gemeinschaft, die mehr ersehnt … mehr Licht,
mehr Liebe, mehr Wahrheit, mehr Gnade, mehr Güte, mehr Freiheit.
Gemeinsam sind wir immer mehr als die Summe unserer Teile.

William Paul Young, Autor von *Die Hütte*

Mackenzie,

es ist eine Weile her. Ich vermisse Dich.

Ich bin am nächsten Wochenende bei der Hütte,
wenn Du mich treffen möchtest.

Papa

Bitte gib mir Ohren, die deine
Einladung hören, und Mut,
mit dir an Orte zu gehen,
um die ich lieber einen Bogen machen würde.
Oh, ja, Frohes Neues Jahr!

2

Wer wäre nicht skeptisch, wenn jemand behauptet, er hätte ein ganzes Wochenende mit Gott verbracht, noch dazu in einer Hütte?

Du bist ein solches Geheimnis für mich! Und zu sagen, dass deine Wege größer sind als unsere Wege und dass deine Gedanken größer sind als unsere Gedanken, ist noch mehr als untertrieben. So gut ich es verstehe, öffne ich mich für das, was du von mir erwartest, selbst wenn ich es nicht ansatzweise verstehe. Ich glaube, aber bitte hilf mir in meinem Unglauben.

*Es genügt, darauf hinzuweisen, dass
manche Dinge zwar vielleicht nicht
wissenschaftlich beweisbar sein mögen,
aber trotzdem wahr sein können.*

Ihr redet ständig von Liebe und Vertrauen
und Beziehung, aber ich will Beweise. Ich
bekenne, dass ich das, was mir am meisten
bedeutet, niemals in einem Reagenzglas
oder einer Petrischale finden werde, aber ich
bekenne auch, dass ich die Kontrolle will, die
der Beweis scheinbar bietet. Hilfe!

Ich möchte Ihnen aufrichtig sagen, dass es eine sehr tiefgreifende Wirkung auf mich hatte, Teil dieser Geschichte gewesen zu sein. Ich wurde dadurch an innere Orte geführt, wo ich nie zuvor gewesen war oder von deren Existenz ich überhaupt nichts wusste. Ich bekenne, dass ich mir verzweifelt wünsche, alles, was Mack mir erzählt hat, möge wahr sein.

Wow, wie ungläubig ich immer noch bin! Ich weiß, du siehst meinen Glauben, wie er wirklich ist, und du weißt, dass ich mir wünsche, mehr vertrauen zu können. Ich glaube … mehr als jemals zuvor, aber bitte hältst du mich sanft, selbst wenn ich zweifle und einen Mangel an Vertrauen zum Ausdruck bringe?

5 JANUAR

Falls Sie auf diese Geschichte stoßen und sie schrecklich finden, soll ich Ihnen von Mack ausrichten: »Tut mir leid … aber sie wurde nicht in erster Linie für Sie aufgeschrieben.« Oder vielleicht wurde sie das doch.

Ich habe Angst davor, dich zu bitten, alles zu tun, was nötig ist, um Authentizität in mir aufzubauen. Ich bin mir ziemlich sicher, dass ich es schrecklich finden werde. Und doch, hier bin ich und bitte dich darum. Und wieso weine ich jetzt? Das scheint dumm zu sein, aber bitte sieh über meine Reaktionen hinweg und gib mir, was gut für mich ist.

Er wünschte sich, dass in dieser Erzählung nicht nur seine Liebe für seine Familie zum Ausdruck kommen sollte, sondern dass sie ihr auch helfen sollte zu verstehen, was damals in seinem Leben vorgegangen war. Diesen Ort kennen Sie sicher auch: dort, wo es nur Sie allein gibt – und vielleicht Gott, wenn Sie an ihn glauben. Natürlich könnte Gott trotzdem da sein, auch wenn Sie nicht an ihn glauben. Das würde ihm durchaus ähnlich sehen.

Wenn ich mir vorstelle, dass du in meiner »inneren Welt« bist, meinem geheimen Ort ...
Bitte lass mich wissen, dass es dir dort gefällt, sogar mehr, als es mir selbst dort gefällt.

7

Ich glaube, dass die meisten unserer seelischen Wunden aus unseren Partnerschaften stammen, dass dort aber auch das größte Heilungspotenzial liegt. Und ich weiß, dass die Gnade für jene, die von außen darauf schauen, oft wenig Sinn ergibt.

Ich verstehe nicht, wie du Heilung in mein Leben bringst oder wie Gnade funktioniert. Du weißt, woher ich komme, und warum es mir so schwerfällt zu vertrauen. Bitte hilf mir, an meinem Glauben zu wachsen, dass du gut bist, immer, und immer das Beste tun wirst.

Es ist so, dass er mit einer beunruhigenden Vernunft diese Welt betrachtet, in der die meisten Leute immer nur hören wollen, was sie zu hören gewohnt sind, also meistens ziemlich wenig. … Wenn er redet, hören sie deshalb nicht auf, ihn zu mögen – nur sind sie dann weniger zufrieden mit sich selbst.

So viele von uns fürchten sich entsetzlich und klammern sich an alles, was ihnen ein Gefühl von Trost und Wohlbehagen gibt. Wer möchte sich schon unbehaglich fühlen, besonders wenn alle anderen sagen, dass man verrückt ist, wenn man Fragen stellt und damit den Alltagsbetrieb stört. Bitte sei mutig in mir!

Papa – so nannte Nan Gott am liebsten.
Damit drückte sie ihre Freude über die enge
Freundschaft aus, die sie mit Gott hatte.

Ich möchte lernen, mich mit deiner Zuneigung
wohlzufühlen. Flüstere also bitte meiner Seele
deinen Namen zu, den Namen, der nur für
dich und mich ist.

An diesem Abend saß Mack zwischen drei lachenden Kindern und schaute sich mit ihnen eine der besten Shows an, welche die Natur zu bieten hat: das Schauspiel eines farbenprächtigen Sonnenuntergangs, bei dem einige langsam über den Horizont ziehende Wolken die glänzenden Hauptrollen spielten. Eine plötzliche Freude ergriff sein Herz, und er dachte: Was die Dinge betrifft, auf die es wirklich ankommt, bin ich ein reicher Mann.

Danke für jene Augenblicke, die sich an unserem Verstand vorbeischleichen und zu jenem tiefen Ort in uns sprechen, wo wir fühlen, dass das Leben gut ist! Öffne mein Herz und heile mich.

Mack konnte stundenlang einfach nur daliegen und hinauf in die Weite schauen. Dabei fühlte er sich unglaublich klein und doch zugleich in sich selbst geborgen. Hier draußen, umgeben von der Natur und unter den Sternen, fühlte er die Gegenwart Gottes besonders stark.

Du meinst: »Hier draußen«, weit weg von der Religion und ihren Forderungen und leeren Versprechen? »Hier draußen«, wo ich weinen, echt und peinlich berührt sein kann, und wo ich frei bin, erkannt zu werden und sogar klein sein zu dürfen.

12

*[Der Große Geist] ist ein guter
Name für Gott, denn er ist ein
Geist und er ist groß.*

Heute ist der »Große Geist« zu vage für mich. Ich brauche eine Person, die mich kennt und liebt, die mir zuflüstert, dass irgendwie alles gut werden wird, dass ich nicht alles verstehen muss, loslassen kann. Ich brauche das Gefühl, dass du bei mir bist und mich niemals verlässt, was ich auch tue. Das ist es, was ich heute brauche.

13 JANUAR

»Daddy?«

»Ja, mein Schatz?«

»Werde ich jemals von einer Klippe springen müssen?«

»Nein. Ich werde niemals von dir verlangen, dass du von einer Klippe springen sollst. Nie, nie, nie.«

Ich bin dankbar, dass du kein religiöses Opfer von mir verlangst, aber dennoch weiß ich, dass Wachstum ohne Risiko unmöglich ist. Daher bin ich bereit, zu springen und darauf zu vertrauen, dass deine Arme mich auffangen.

Während er dort hypnotisiert am Feuer saß, von dessen Wärme eingehüllt, betete er. Es waren größtenteils Dankgebete. Er fühlte sich so reich beschenkt – »gesegnet« war wohl das richtige Wort. Er war zufrieden, entspannt und friedvoll. Mack ahnte zu dem Zeitpunkt noch nicht, wie dramatisch sich seine Gebete innerhalb der nächsten vierundzwanzig Stunden verändern würden.

Ich bin dankbar, dass du mich nicht in die Zukunft schauen lässt. Denn dann wäre mein Leben überschattet von »bevorstehender Sorge und Tragik«, und ich könnte mich nicht am »Jetzt« erfreuen. Danke für das Gute, das du mir jetzt schenkst!

15

Es ist bemerkenswert, wie eine
scheinbar unbedeutende Handlung
ganze Leben verändern kann.

D anke für die schönen Momente,
die wir im Vorübergehen erhaschen.
Danke, dass du alles für uns so
wunderbar orchestrierst. Danke, dass wir
wichtig sind!

Inzwischen kannte er nur noch ein einziges Gebet: »Lieber Gott, bitte, bitte, bitte beschütze meine Missy. Ich kann es zurzeit nicht.«

Manchmal bin ich so wütend über meine Ohnmacht, meine völlige Unfähigkeit, die, die ich liebe, zu beschützen und vor Unheil zu bewahren. Bitte finde mich in meinem Versagen und meiner Wut und schaue in mein Herz.

17 JANUAR

Nach dem Sommer, in dem Missy
verschwunden war, hatte die Große
Traurigkeit sich auf ihn gelegt
wie ein viel zu schwerer Mantel.

Ich habe zwar »das finstere Tal« durchwandert,
aber ich hatte nicht vor, dort mein Lager
aufzuschlagen. Bitte finde mich in meiner
Einsamkeit und Verzweiflung. Es fällt mir schwer,
dich zu finden.

Schließlich versuchte Mack, wenigstens seiner
Familie gegenüber aus dem Nebel von Schmerz
und Trauer aufzutauchen. Sie hatten eine
Schwester und Tochter verloren, aber es wäre
falsch gewesen, ihnen auch noch den Vater und
Ehemann zu nehmen.

Bitte, ich brauche deine Kraft, deine Zuversicht,
deine Entschlossenheit. Allein kann ich das
alles nicht länger aufbringen. Bitte hilf mir,
die richtigen Schritte zu tun.

Man verfängt sich so leicht in dem Hätte-ich-doch-nur-Spiel, und dieses Spiel führt geradewegs in die Verzweiflung.

Manchmal sind es nicht die Folgen meiner Fehlentscheidungen, die auf meiner Seele lasten, sondern die Reue darüber, dass ich es hätte anders machen können. Hilf mir, meine Sorgen liebevoll anzunehmen und auch in ihnen dich zu finden.

Manchmal kann Ehrlichkeit
unglaublich chaotisch sein.

Ungeachtet der Folgen möchte ich jemand sein, der die Wahrheit sagt, keiner, der selbstgerecht anderen die Schuld gibt. Schenke mir den Mut, nicht aus Selbstschutz unaufrichtig zu sein. Lass mein Ja ein ehrliches Ja und mein Nein ein ehrliches Nein sein.

»Warte mal, du glaubst doch nicht im Ernst, dass Gott dir diesen Brief geschickt hat?«

»Ich weiß nicht, was ich von der ganzen Sache halten soll. … Vielleicht hältst du mich für übergeschnappt, aber ich spüre den Drang, hinzufahren und mich zu vergewissern. Ich muss einfach, sonst wird es mir keine Ruhe lassen.«

Ich gestehe, dass ich lieber auf die Sicherheit dessen vertraue, was ich zu wissen glaube, als mich auf das Unbekannte einzulassen. Und doch spüre ich deine Einladung, mich in das Mysterium hinauszuwagen …

Und warum ausgerechnet jene Hütte –
das Symbol seines größten Schmerzes?
Bestimmt gab es geeignetere Orte, wo er
und Gott sich hätten treffen können.

D anke, dass du mich mit einer Hartnäckigkeit
liebst, die es mir ermöglicht, mich irgendwann
meinem tiefsten Schmerz zu stellen, jenen
Wunden, von denen ich dachte, dass sie nie geheilt
werden können. Ich weiß, dass du bei mir bist, wenn ich
dort hingehe.

23

Die direkte Kommunikation mit Gott blieb anscheinend den Menschen der Antike und den Unzivilisierten vorbehalten. … Niemand wollte einen lebendigen Gott zum Anfassen. Alle bevorzugten ihn in Buchform.

Ich finde es wunderbar, dass man dich nicht zwischen Buchdeckel pressen kann, dass kein Ort, kein Lied, keine Idee, kein Bild dir wirklich gerecht wird. Ich will dich überall und jederzeit hören. Bitte heile mich immer mehr, damit ich das kann.

Vielleicht ist er wirklich ein helles Licht oder ein brennender Busch. Ich habe ihn mir immer als wirklich großen Großvater vorgestellt, mit langem, wallendem Bart …

Ich weiß, dass nur du allem Form und Gestalt gibst. Zwar werde ich deine wahre Gestalt wohl niemals verstehen, aber in mir finde ich dich im Schlagen meines Herzens, im Licht meines Lächelns, in der Freude meiner Schritte und in der Berührung eines anderen Menschen. Am klarsten finde ich dich in Jesus. Du bist mir näher als mein eigener Atem.

Hier bin ich, Gott! Und du?

Du bist nirgendwo!

Nie warst du da, wenn ich dich brauchte ...

Mir wird klar, dass ich auf den falschen Gott gewartet habe, auf eine Projektion meiner Religion, meiner Kultur und meines tiefsten Schmerzes. Lass mich mit Jesus an meiner Seite diese Trugbilder überwinden und erkennen, dass der nicht vertrauenswürdige Gott, den ich hasse, überhaupt nicht existiert.

Was tut man, wenn man vor einem Haus, oder in diesem Fall einer Blockhütte, steht, in dem sich möglicherweise Gott aufhält?

Wie oft denke ich, dass du mich nicht kennst. Also gehe ich ordentlich angezogen in dein Haus und achte darauf, die richtigen Worte zu gebrauchen. Und dann erkenne ich, dass alles, was du je von mir wolltest, mein Herz ist. Aber das allein scheint nicht wertvoll genug, also ziehe ich mich gut an und suche nach den richtigen Worten … vergib mir.

»Oh, oh, oh, wie sehr ich dich liebe!« – Papa

D anke, dass du die Liebe bist,
die mit ihrem Gesang das
Universum ins Dasein rief
und keine andere Art zu sein kennt.

28

Mack war sprachlos. In ein paar Sekunden hatte diese Frau sämtliche Schranken gesellschaftlicher Korrektheit durchbrochen, hinter denen er sich normalerweise zu verschanzen pflegte. Aber etwas an der Art, wie sie ihn anschaute und seinen Namen rief, bewirkte, dass er sich ebenfalls freute, sie zu sehen, obwohl er nicht die leiseste Ahnung hatte, wer sie war.

Ja, so geht es mir auch oft. Unbeholfen irre ich umher, aber ich sehne mich danach, von jemandem umarmt zu werden, der mich liebt! Könnte es wahr sein, dass du so bist? In meinem Herzen fühle ich es.

29 JANUAR

Er hatte bereits dicht am Abgrund seiner Emotionen gestanden, und dieser Duft und die damit verbundenen Erinnerungen brachten ihn gefährlich ins Schwanken. Er spürte, wie seine Augen sich mit warmen Tränen füllten, als würde heftig an die Tür seines Herzens geklopft. Und sie sah offenbar, was in ihm vorging.

Bitte, sag mir immer wieder, dass du mich kennst und dass ich dich auf eine Weise kennen kann, die alle meine Ängste transzendiert. Und lass meine Tränen die Wahrheit sprechen, die mein Verstand nicht begreifen kann.

»Es ist okay, Liebling, lass es einfach heraus …
Ich weiß, wie sehr du verletzt wurdest,
und ich weiß, dass du wütend und verwirrt bist.

Also los, lass alles heraus. Es tut der Seele gut,
ab und zu das Wasser frei fließen zu lassen –
das heilende Wasser.« – Papa

Danke für das Geschenk der Tränen, besonders
für jene Augenblicke, wenn sie mehr sind
als bloße Erschöpfung und Sehnsucht.
Danke für die Sanftheit, die du in meiner Seele ausbildest
und die es mir ermöglicht, meine Tränen zuzulassen.

31 JANUAR

Mit großer Anstrengung schaffte er es, sich zusammenzunehmen und nicht wieder in das schwarze Loch seiner Emotionen zu stürzen. »Du bist noch nicht bereit?«, sagte [Papa]. »Das ist völlig in Ordnung. Wir werden alles so machen, wie es sich für dich gut anfühlt.«

Manchmal erhasche ich einen Blick auf deine Güte und Fürsorge und bin erstaunt über die Sanftheit deiner Berührung, die Gnade deines Verständnisses, deine Einladung, an der Schöpfung teilzuhaben. Manchmal bin ich überrascht, wie ernst du mich nimmst und wie liebevoll du mich betrachtest. Dann lächle ich vor Freude!

Es gibt Zeiten, in denen wir uns dafür entscheiden, etwas zu glauben, das normalerweise als völlig irrational angesehen werden würde. Das bedeutet nicht, dass es tatsächlich irrational wäre, aber es ist auf jeden Fall nicht rational.

Ich bekenne, dass ich einen fast unwiderstehlichen Drang verspüre, mein Leben mit dem Verstand zu kontrollieren, in meinem Kopf zu leben. Bitte lehre mich, meine Verkopftheit zu überwinden und mich wirklich auf das Leben einzulassen.

2

Vielleicht gibt es Suprarationalität. …
Etwas, das nur einen Sinn ergibt, wenn man das
größere Bild der Wirklichkeit sieht. Vielleicht ist
das der Bereich, wo der Glaube seinen Platz hat.

Oft verstricke ich mich viel zu sehr in Details
und verliere das große Ganze aus dem Blick.
Ich vergesse es. Ich muss neu sehen lernen.
Ich muss mich erinnern.

Mack wich wieder einen Schritt zurück.
Ihm war das alles etwas zu viel.
»Sind da noch mehr Leute drin?«, fragte er
mit rauer Stimme.

Die drei schauten sich an und lachten.
Mack musste unwillkürlich lächeln.
»Nein, Mackenzie«, sagte die schwarze Frau.
»Wir drei sind alles, was du kriegen kannst,
und glaub mir, wir sind mehr als genug.«

Danke, dass du mich daran erinnerst,
in dir alles zu finden, was ich brauche.
Ich fühle mich so einsam, wenn ich
denke, ich wäre allein und müsste mir selbst
genügen.

Zögernd fragte er: »Wer von euch ist denn dann Gott?«

»Ich«, sagten alle drei gleichzeitig. Mack blickte von einem zum Nächsten, und obwohl er nicht begreifen konnte, was er sah und hörte, glaubte er ihnen doch irgendwie.

Ich möchte mich ganz und gar dafür öffnen, dich ganz und gar kennenzulernen!

5 FEBRUAR

Mack wandte sich ihm zu und schaute ihn kopfschüttelnd an. »Werde ich wahnsinnig? Soll ich im Ernst glauben, dass Gott eine dicke schwarze Frau mit einem fragwürdigen Sinn für Humor ist?«

Jesus lachte. »Sie ist ein echter Scherzkeks! Du kannst dich immer darauf verlassen, dass sie dich aus dem Konzept bringt. Sie liebt Überraschungen, und auch wenn es dir vielleicht nicht so vorkommt, ist ihr Timing jedes Mal perfekt.«

Ich möchte dich in mein Denkschema pressen, dich kontrollieren, dich meine Wünsche erfüllen lassen, doch du lässt das nicht mit dir machen. Dafür danke ich dir!

… *die asiatische Lady näherte sich Mack erneut.*
Diesmal nahm sie sein Gesicht in beide Hände.
Langsam kam ihr Gesicht näher, und sie hielt inne
und schaute ihm tief in die Augen. …
Dann lächelte sie, und der Duft, der von ihr ausging,
hüllte ihn ein. … *Mack fühlte sich plötzlich leichter*
als Luft, fast als ob seine Füße nicht länger den
Boden berührten.

Schnellstmöglich möchte ich dich von Angesicht zu
Angesicht erkennen. O Atem Gottes, befreie mich
von allem, was mich bindet.

7

»Nimm es ihr nicht übel. ... Diese Wirkung hat sie auf alle.«

»Es gefällt mir«, murmelte Mack, und alle drei brachen wieder in lautes Gelächter aus. Und jetzt ließ Mack sich davon anstecken, ohne zu wissen, warum, aber auch ohne dass es ihm etwas ausgemacht hätte.

Heiliger Geist, du bist das Leben von allem, was gut ist in meiner Welt. Danke für die Hoffnungsschimmer, die Küsse der Gnade, die du mir schickst.

»*Mackenzie, wir alle haben etwas,
das wir hoch genug schätzen, um es
zu sammeln, nicht wahr? …
Ich sammle Tränen.*«

*Manchmal habe ich das Gefühl,
dass niemand mein Weinen bemerkt,
dass meine Tränen keine Rolle spielen,
vergossen werden wie Regen und im Staub des
Lebens versickern. Zu wissen, dass du meine Tränen
sammelst, bedeutet mir viel (Psalm 56,9).*

9 FEBRUAR

»Deshalb bist du hier, Mack. …
Ich möchte die Wunde heilen, die in dir
gewachsen ist, und zwischen uns.« – Papa

Wenn du die Distanz nicht überbrücken kannst, die ich zwischen uns geschaffen habe, die Wunde, die ich uns zugefügt habe, dann bin ich hoffnungslos verloren. Hilf mir, daran zu glauben, dass du es kannst.

*»Geh nicht, weil du dich dazu verpflichtet
fühlst. Damit erntest du hier keine Lorbeeren.
Geh, weil es das ist, was du tun willst.« – Papa*

*Immer kannte ich nur die Pflicht, und nun
flüsterst du mir zu, dass du mich liebst, und
nicht das, was ich leiste. Die Religion ist zwar
anstrengend, scheint mir aber sicherer zu sein.
Bitte gib mir die Kraft, das Wagnis des Glaubens
auf mich zu nehmen und auf unsere Beziehung zu
vertrauen. Das wünsche ich mir.*

»*Du sollst überhaupt nichts tun.*
Du bist frei zu tun, was immer
du willst«, *sagte Jesus.*

Hörst du diesen Laut? Das bin ich, der
ich im Gefängnis meiner Religion
um Hilfe rufe, das Wehklagen meiner
Seele, die durch Schuldgefühle und Scham
niedergedrückt wird. Bitte finde mich und
befreie mich.

»*Gott?*«

»*Ich bin in der Küche, Mackenzie.*
Folge einfach dem Klang meiner Stimme.«

ber es gibt so viele Stimmen, so viel
statisches Rauschen und so viel
herzzerreißenden Lärm. Wie soll ich
da deine Stimme erkennen? Du weißt, dass ich
nur ab 10 Dezibel etwas hören kann. Wenn du
also nur mit 9,9 Dezibel zu mir sprichst, nützt
das gar nichts!

Er war sicher, dass sein Gesicht die
Emotionen verriet, gegen die er ankämpfte.
Und dann, in Sekundenschnelle,
schob er alles zurück in den Tresor seines
geschundenen Herzens und verriegelte
die Tür. Wenn [Papa] um seinen inneren
Konflikt wusste, ließ sie es sich nicht
anmerken – sie begegnete ihm weiter offen,
lebhaft und einladend.

Verstecken? Nun ja, das ist ein Spiel, das
ich spiele, weil ich nicht weiß, ob ich
dir wirklich vertrauen kann und ob du
wirklich auf meiner Seite bist. Vergib mir, denn
ich lerne gerade erst, nicht so zu denken.

Sie musste nichts sagen. Er wusste, dass sie verstand, was in ihm vorging, und irgendwie wusste er, dass sie sich mehr um ihn sorgte als irgendjemand sonst.

Ich bin dankbar, dass es in diesem gewaltigen Kosmos jemanden gibt, der mich jenseits aller Worte kennt. Oft weiß ich nicht, wie ich in Worten ausdrücken soll, wer ich bin und was ich fühle. Danke, dass du mich auch in meinem Schweigen annimmst und erkennst.

15

»Gott hört also Funk? Ich dachte, du würdest
George Beverly Shea hören, oder den
Tabernakelchor der Mormonen – etwas,
nun ja, Kirchlicheres.«

»Nun hör mal, Mackenzie. Ich bin überall
dabei! Ich höre alles – und nicht nur die Musik
an sich, sondern die Herzen dahinter.«

Ich lerne jetzt, dass du dich nur in
Schubladen stecken lässt, weil du da
sein möchtest, wo ich bin. Danke!

»Diese Kids sagen nichts, was ich nicht schon einmal gehört hätte. Aber sie haben eine Menge Power! Viel Wut, und, das muss ich sagen, aus gutem Grund. Sie sind einfach ein paar von meinen Kids, die es richtig rocken lassen. Ich mag diese Jungs wirklich gern, weißt du? Ich werde ein Auge auf sie haben.« – Papa

Wie kannst du etwas so Unvollkommenes wie mich gern haben? Das fragt sich eine schuldbeladene Seele, die noch nicht zu deiner unvorstellbaren, unerschöpflichen Liebe erwacht ist.

Ihm fehlten die Worte, und seine zahllosen Fragen schienen sich in Luft aufgelöst zu haben. Also sprach er das Offensichtliche aus. »Du musst wissen«, sagte er vorsichtig, »dass es ziemlich seltsam für mich ist, dich Papa zu nennen.«

»Oh, wirklich?« Sie tat überrascht.

Mein ganzes Leben lehrte man mich, dir Namen zu geben, die dich auf Distanz halten – »Gottvater«, »Allmächtiger« – und dann höre ich, wie Jesus dich »Daddy« oder »Papa« nennt. Bitte hilf mir, diese Kluft zu überbrücken.

Mack hatte das Gefühl, am Rand eines bodenlosen Abgrundes zu balancieren, und fürchtete, er würde völlig die Kontrolle verlieren, wenn er irgendetwas davon herausließ. Er suchte nach sicherem Terrain … »Vielleicht liegt es daran, dass ich nie jemanden hatte, den ich wirklich Papa nennen konnte.«

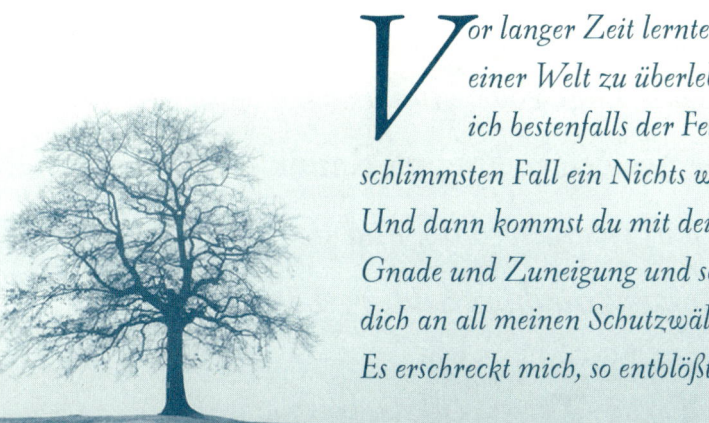

Vor langer Zeit lernte ich, in einer Welt zu überleben, in der ich bestenfalls der Feind und im schlimmsten Fall ein Nichts war. Und dann kommst du mit deiner Güte, Gnade und Zuneigung und schleichst dich an all meinen Schutzwällen vorbei. Es erschreckt mich, so entblößt zu werden.

»Wenn du es zulässt, Mack, dann werde ich der Papa sein, den du nie hattest.«

Dieses Angebot war einladend und zugleich abstoßend. Er hatte sich immer einen Papa gewünscht, dem er vertrauen konnte, aber er war sich nicht sicher, ob er ihn hier finden würde, besonders, da dieser hier noch nicht einmal in der Lage gewesen war, Missy zu beschützen. Ein langes Schweigen hing im Raum. Mack war unsicher, was er sagen sollte, und sie hatte es nicht eilig, diesen Moment an ihm vorübergehen zu lassen.

Was, wenn ich das Wagnis eingehe, dir zu vertrauen, und du bist nicht so, wie ich es mir erhofft hatte? Aber wenn ich kein Vertrauen wage, kann sich nichts verändern.

»Ich denke, diese Unterhaltung
wäre einfacher, wenn du kein Kleid
tragen würdest«, sagte er und versuchte
ein zaghaftes Lächeln.

»Wenn das wirklich einfacher wäre,
gäbe es mich nicht«, sagte [Papa] mit
einem leichten Kichern.

Ich möchte gerne glauben, dass du
keine Mühen scheuen würdest …
für mich. Dass du weißt, wie blind,
verloren und taub ich bin. Ich kann
dich nicht finden. Bitte komm und
finde mich.

21 FEBRUAR

»Wenn ich mich entscheide, dir als Mann oder
als Frau zu erscheinen, geschieht das, weil ich
dich liebe. Dass ich dir als Frau erscheine und
vorschlage, dass du mich Papa nennst, ist einfach
eine Vermischung von Metaphern, die verhindern
soll, dass du allzu schnell in deine gewohnte
religiöse Konditionierung zurückfällst.«

Ich will keine Religion mehr. Ich will dich! Du
hast meine Erlaubnis, alles in mir zu zerstören,
das mich hindert, frei zu sein. (Ich kann nicht
glauben, dass ich das gerade wirklich gebetet habe!)

»Wir wussten, dass es nach dem Sündenfall
viel mehr an Väterlichkeit mangeln würde als
an Mütterlichkeit. Versteh mich nicht falsch,
beides wird gebraucht – aber eine stärkere Betonung
der Väterlichkeit ist vonnöten, weil sie in eurer Welt
so sehr fehlt.« – Papa

Die falschen Bilder, die ich von dir habe, sind
Projektionen des Schadens, den Männer
in meinem Leben anrichteten. Lehre mich,
mir Jesus' Beziehung zu seinem Papa zum Vorbild zu
nehmen, statt dich durch die Brille meiner traumatischen
Geschichte zu betrachten.

23

Er wusste, dass sie recht hatte, und er erkannte, wie gütig und mitfühlend sie war. Irgendwie schaffte sie es sehr wirkungsvoll, seinen Widerstand gegen ihre Liebe zu umgehen. Es war seltsam, schmerzhaft und vielleicht sogar etwas wunderbar.

Heiliger Geist, bitte bringe uns immer wieder dazu, dass wir uns unsere Irrtümer eingestehen und uns für die Wahrheit öffnen, die größer ist als alle Vernunft.

»Mein Liebling, es gibt keine einfache Antwort, mit der sich dein Schmerz wegzaubern ließe. Glaub mir, wenn ich die hätte, würde ich das jetzt sofort tun. Ich habe keinen Zauberstab, mit dem ich wedeln kann, und dann wird alles wieder gut.« – Papa

Ich gestehe, dass ich Magie mag, oder einfach eine rote oder blaue Pille zu schlucken ... sofortige Transformation, nach Möglichkeit schmerzfrei. Es gibt Tage, da hasse ich »Entwicklungen«, »Reisen«, »Abenteuer« und sogar »Beziehungen«. Und doch flüsterst du mir zu, dass ich ein wunderbares Wesen bin, das keine Abkürzungen nötig hat.

25 FEBRUAR

»Ich weiß, dass es oft gut ist, erst die Verstandesprobleme aus dem Weg zu räumen. Dann lassen sich die Herzensangelegenheiten später leichter angehen … wenn du bereit dafür bist.«
– Papa

Danke, dass ich dir Fragen stellen darf, oft wieder und wieder die gleichen Fragen. Ich habe so lange als Kopfmensch gelebt. Anders habe ich es nicht gelernt, doch jetzt ist mein Kopf genauso gebrochen wie mein Herz.

»Du wusstest, dass ich
herkommen würde …«

»Natürlich wusste ich das.«

»Hatte ich denn dann
überhaupt die Freiheit, nicht
zu kommen?«

»An Gefangenen bin ich nicht
interessiert. … Natürlich weiß
ich, dass du zu neugierig bist,
um zu gehen. Aber nimmt
dir das die Freiheit, es dennoch
zu tun?«

In meiner Dunkelheit
offenbare mir deine
Liebe, auf dass ich
mich für Freude, Ruhe
und Liebe entscheide und
aus dem Herzen heraus
in einer wahrhaftigen
Beziehung lebe. Erinnere
mich daran, dass es um
Beziehung geht, nicht um
Logik, um jene Realität,
in der du immer schon zu
Hause warst.

»Oder, wenn du ein bisschen tiefer in die Materie eindringen möchtest, können wir über das Wesen der Freiheit sprechen. Bedeutet frei zu sein, dass es dir erlaubt ist zu tun, was immer du willst?«

Bitte befreie mich dazu, geliebt zu leben, frei von Hintergedanken und heimlichen Motiven. Befreie mich!

»Das verstehe ich nicht …«

Sie drehte sich zu ihm um und lächelte.

»Ich weiß. Ich habe es dir nicht erzählt,
damit du es jetzt sofort verstehst. Ich habe es
dir für später erzählt. Momentan begreifst
du noch nicht einmal, dass Freiheit ein
Prozess ist, der stufenweise verläuft.«

Was im Leben wäre nicht die Frucht
eines »stufenweise verlaufenden
Prozesses«? Ich vergesse, dass wahre
Beziehung niemals auf ein Ziel ausgerichtet ist.

»*Nur ich kann dich befreien, Mackenzie, aber Freiheit kann man nicht erzwingen.*« – Papa

Erzwungene Liebe oder Beziehung ist niemals echt. Tief in meiner Seele weiß ich, dass Freiheit daraus erwächst, zu lieben, ohne eine Gegenleistung zu erwarten. Und doch will ich besitzen, kontrollieren, erzwingen, Freiheit gegen Sicherheit eintauschen. Danke, dass du mich trotz alledem liebst.

1

»Das Leben braucht ein bisschen Zeit
und eine Menge Austausch.«
– Papa

*Ich bin so halbherzig, tue so, als wüsste ich etwas
über das Leben und wie man Ziele erreicht.
Langsam, schmerzhaft lerne ich, dass du es bist,
der weiß und für mich sorgt.*

»Glaube niemals, dass das, was mein Sohn aus eigener Entscheidung tat, für uns kein großes Opfer war. Die Liebe hinterlässt immer deutliche Spuren.« [Papa] sprach sanft und leise. »Wir waren zusammen dort.«

Heute feiere ich, dass du Gemeinschaft bist. Ein Gott – und doch drei Personen. Ich feiere die fürsorgliche, hingebungsvolle Kameradschaft und Liebe, die deine wahre Natur ist. Unsere Gemeinschaft ist unzerstörbar.

Behutsam nahm sie Macks Hände in ihre, die voller Mehl waren. Sie schaute ihm tief in die Augen und fuhr fort: »Mackenzie, die Wahrheit befreit euch, und die Wahrheit hat einen Namen. Er ist gerade drüben in der Werkstatt und tischlert. Alles dreht sich um ihn. «
– Papa

Danke, Jesus, dass du die Wahrheit bist, nicht eine Sammlung von Fakten, kein Traum oder Ort, den man besucht, sondern eine Person, die uns liebt, die voller Sägespäne ist, weil sie den Sarg tischlert für unsere große Traurigkeit. Befreie uns!

»Am Kreuz? Aber ich dachte, du hättest ihn verlassen. Du weißt schon: ›Mein Gott, mein Gott, warum hast du mich verlassen?‹«

»Du missverstehst das Mysterium, um das es dabei geht. Ungeachtet dessen, was er in jenem Augenblick empfunden haben mag, habe ich ihn niemals verlassen. … Mackenzie, ich habe ihn niemals verlassen, und ich habe auch dich niemals verlassen.«

Du kommst zu mir, wirst meine Sünde und weinst mit mir: »Gott, wo bist du?« Einst glaubte ich, dein Vater sei wie viele Väter, die ihre Kinder prügeln und sie dann im Stich lassen. Vergib mir, dass ich so über deinen Vater sprach. Ich lerne jetzt, dass es eine Lüge war.

»Das ergibt doch keinen Sinn!«, entgegnete Mack heftig.

»Noch sieht es für dich so aus, das weiß ich. Aber überlege bitte einmal: Wenn alles, was du sehen kannst, dein Schmerz ist, verlierst du mich dann nicht aus dem Blick?«

Mein Schmerz macht mich blind, sodass ich dich nicht sehen kann. Vielleicht kenne ich den Schmerz besser als dich. Die Gewissheit seiner Gegenwart erscheint realer als das Geheimnis unserer Beziehung. Ich will nicht, dass dies wahr ist, doch manchmal ist es so.

»Vergiss nicht, die Geschichte
[des Kreuzes] endete nicht
mit diesem Gefühl der
Verlassenheit. Er fand seinen
Weg hindurch und legte sein
Leben völlig in meine Hände.
Oh, war das ein wunderbarer
Augenblick!« – Papa

Jesus, deine Fähigkeit, vollkommen zu vertrauen, fehlt mir.
Ich kenne deinen Papa nicht so gut wie du. Ich möchte
lernen, mit deinem Gottvertrauen zu leben. Ich will
mein Bestes tun, mit meiner schwachen Stimme deinen Ruf zu
unterstützen: »Vater, in deine Hände lege ich meinen Geist.«

7 MÄRZ

Papa nahm die Eieruhr, zog sie auf und stellte sie vor ihnen auf den Tisch.
»Ich bin nicht der, für den du mich hältst, Mackenzie.«

Ich erinnere mich an das erste Gespräch über dich, das ich im Alten Testament las. Der Feind unserer Herzen sagte, man könne dir nicht vertrauen, du würdest uns belügen, du wärest nicht die ganze Zeit über gut, sondern von uns enttäuscht. Ich glaubte ihm, und manchmal glaube ich ihm heute noch. Bitte vergib mir.

8

*Mack schaute sie an, schaute auf die Küchenuhr und
seufzte. »Ich fühle mich völlig verwirrt und verloren.«*

*»Dann wollen wir mal sehen, ob wir in diesem ganzen
Durcheinander dich selbst wiederfinden können.«*

*Irgendwo in meinem inneren Durcheinander wohnt
mein wahres Ich. Bitte, finde mich. Tue alles, was
dafür nötig ist – Urteil, Erlösung, Befreiung.
Diese Worte beschreiben alle das Gleiche, nämlich,
mein wahres Ich aus dem Durcheinander herauszufiltern,
sodass ich als authentischer Mensch leben kann.
Ich kann mich an niemanden wenden als an dich.*

9

»Die meisten Vögel wurden zum Fliegen erschaffen. An den Boden gefesselt zu sein, ist für sie eine Einschränkung ihrer Fähigkeit zu fliegen, und nicht umgekehrt. Du hingegen wurdest geschaffen, um zu lieben. Wenn du lebst, als würdest du nicht geliebt, ist das eine Einschränkung, nicht umgekehrt.«

Zwar glaube ich, dass dies auf Kinder zutrifft, jedoch habe ich irgendwann die Schwelle überschritten, nicht mehr einfach ein Geschöpf zu sein, das geliebt wird, sondern eines, das sich durch Leistung und Produktivität Anerkennung erwirbt. Ich vergesse, dass ich noch immer Kind bin. Bitte erinnere mich daran.

»Wenn du ungeliebt lebst, ist das, als würde man einem Vogel die Flügel beschneiden und ihn so seiner Flugfähigkeit berauben. Das wünsche ich mir nun wirklich nicht für dich.«

Genau da lag der Hase im Pfeffer. Mack fühlte sich im Augenblick nicht sehr geliebt.

Allzu leicht lasse ich meine Realität von meinen Gefühlen definieren. Dann glaube ich, dass du so über mich denkst, wie ich selbst mich empfinde. Nun entdecke ich, dass meine bevorzugten Empfindungen mir selbst gegenüber der Wahrheit deiner Liebe zu mir im Weg stehen. Und weißt du, wie ich mich dadurch fühle?

» *Mack, seelischer Schmerz stutzt uns unsere Flügel und hält uns davon ab, zu fliegen. Und wenn er dich über einen langen Zeitraum im Griff hat, kann es geschehen, dass du deine Fähigkeit zu fliegen fast völlig vergisst.* «

Ich ergebe mich in Bedauern und Reue und vergesse darüber deine Wahrheit. So habe ich mir selbst die Flügel gestutzt. Ich habe ein großes Durcheinander in meinem Leben angerichtet. Ich schäme mich so und kann kaum glauben, dass ich erschaffen wurde, um zu fliegen, um geliebt und wahrgenommen zu werden. Sag mir das bitte immer wieder!

»*Ich bin Gott. Ich bin, der ich bin.*
Und, anders als bei dir, können meine
Flügel niemals gestutzt werden.«

Und doch bist du willens, das Fliegen
aufzugeben, um mir dort begegnen zu können,
wo ich bin – verloren, allein und an den
Boden gefesselt. Danke!

»Das Problem ist, dass manche Leute versuchen, eine Ahnung davon zu bekommen, wer ich bin, indem sie die beste Version ihrer selbst nehmen, diese potenzieren und mit sämtlichen guten Eigenschaften ausstatten, die sie sich vorstellen können, was oft nicht viel ist, und dann nennen sie das Gott. Das ... beschreibt mein wahres Wesen nicht einmal ansatzweise. Ich bin nicht einfach die beste Version eurer selbst, die ihr euch vorstellen könnt. Ich bin weit mehr als das, über und jenseits von allem, was ihr fragen oder denken könnt.«

Danke, dass du mir meine Unwissenheit nicht übelnimmst.

*»Aber weißt du was? Obwohl
ihr mich nicht wirklich fassen
und begreifen könnt, möchte
ich doch, dass ihr mich kennt.«*

*Ah! Jetzt verstehe ich!
Jesus bist du, der erkannt sein möchte.
Danke, danke!*

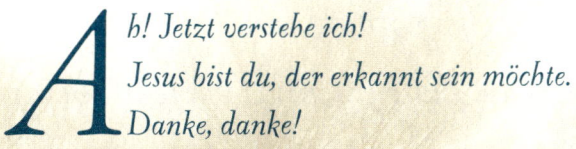

15 MÄRZ

»Aber wir sind hier nicht in der Sonntagsschule.
Du bekommst Flugunterricht. Mackenzie, wie
du dir vorstellen kannst, hat es einige Vorteile,
Gott zu sein. Von Natur aus bin ich vollkommen
unbegrenzt, nichts schränkt mich ein. Ich habe
immer schon die Fülle gekannt. Ich lebe in einem
Zustand permanenter Zufriedenheit. Das ist
mein normaler Existenzzustand«, sagte sie,
ziemlich zufrieden. »Das sind nur einige der
Annehmlichkeiten, die Ich davon habe, Ich zu sein.«

Ich finde es aufregend, dass ich
nicht stark genug bin, dein
Verhalten mir gegenüber zu
verändern. Du inspirierst mich.

Nun musste Mack lächeln.
Diese Dame freute sich spürbar
ihres Daseins, und da war nicht
ein Funke Arroganz, der den
positiven Eindruck hätte trüben
können.

Ich vergesse, dass alles, was mein Leben so
unglaublich, so wunderbar und freudvoll macht,
von dir kommt.

17

»Doch statt die ganze Schöpfung zu verschrotten,
krempelten wir die Ärmel hoch und begaben
uns mitten hinein in das Durcheinander – und
deshalb kam Jesus zu euch.«

D a bist du ganz anders als ich. Ich laufe am
liebsten davon, wenn es schwierig wird, vor
allem, wenn ich selbst die Ursache dieser
Schwierigkeiten bin. Ich fange lieber woanders ganz von
vorn an, als die Ärmel hochzukrempeln und Ordnung ins
Durcheinander zu bringen. Würdest du diese Tendenz in
mir bitte ändern? Ich wünsche mir die Bereitschaft, mich
wirklich auf die Probleme des Lebens einzulassen, vor allem
meine eigenen.

»Als wir drei als Sohn Gottes ins menschliche Dasein eintauchten, wurden wir voll und ganz menschlich. Wir beschlossen außerdem, alle Begrenzungen zu akzeptieren, die damit verbunden sind. Obwohl wir immer schon in diesem erschaffenen Universum gegenwärtig waren, wurden wir jetzt zu Fleisch und Blut. Es war, als würde dieser Vogel, dessen Wesen es ist, zu fliegen, sich dafür entscheiden, nur noch am Boden herumzulaufen. Er hört dadurch nicht auf, ein Vogel zu sein, aber seine Lebenserfahrung ändert sich ganz erheblich.«

Ich bin erstaunt, schockiert über deine tiefe Demut, darüber, dass du wirklich einer von uns geworden bist.

»Obwohl Jesus dem Wesen nach voll und ganz Gott ist, ist er zugleich voll und ganz Mensch und lebt als solcher. Er verliert niemals seine angeborene Fähigkeit zu fliegen, entscheidet sich aber ständig aufs Neue dafür, auf dem Boden zu bleiben. Deswegen heißt er Immanuel, Gott mit uns oder Gott mit euch, um genau zu sein.«

Und du hast das niemals als Preis betrachtet, der gezahlt werden muss, sondern als Ehre und Privileg, einen Ausdruck deiner Liebe. Eine solche Person möchte ich auch werden.

»Aber was ist mit den ganzen Wundern?
Den Heilungen? Den Totenerweckungen?
Beweist das denn nicht, dass Jesus Gott
war – mehr Gott als Mensch?«

Ich weiß, ich bin weniger als ein Mensch
gewesen. Ich richte mit meinen Worten,
Erwartungen und Urteilen Schaden an.
Bitte heile mich, damit ich wirklich Mensch
und wirklich lebendig sein kann!

»Mackenzie, ich kann fliegen, Menschen
können das nicht. Jesus ist durch und durch
Mensch. Obwohl er auch durch und durch
Gott ist, hat er niemals auf seine göttliche
Natur zurückgegriffen, um Dinge zu
vollbringen. Er hat immer nur aus seiner
Beziehung zu mir gelebt, in der gleichen Weise,
wie ich mit jedem Menschen in Beziehung
stehen möchte.«

Jesus, ich habe dich immer für einen
Superhelden gehalten, mit geheimen
Kräften, stets bereit, das Gottes-As aus
dem Ärmel zu ziehen. Ich bin so erleichtert,
dass du ein echter Mensch bist, Teil unserer
Gemeinschaft. Du bist meine Hoffnung.

»Er war der Erste, dem dies vollendet
gelang – der Erste, der vollkommen
darauf vertraute, dass ich in ihm lebe,
der Erste, der an meine Liebe und Güte
glaubte, ungeachtet des äußeren Anscheins
und aller möglichen Folgen.«

Gott, hilf mir, völlig auf dein
Leben in mir zu vertrauen,
und an deine Liebe und
Güte zu glauben, ohne Rücksicht
auf den äußeren Anschein und die
Konsequenzen.

»*Was ist also mit der Heilung der Blinden?*«

»*Das tat er als abhängiger, begrenzter Mensch, der darauf vertraute, dass mein Leben und meine Macht in ihm und durch ihn wirkten. Jesus, als Mensch, verfügte nicht über heilende Kräfte.*«

Das brachte Macks religiöses System ins Wanken.

Also geht es um Gemeinschaft, um Teilnahme, um Beziehung, nicht um Leistung.

»Nur weil er in seiner Beziehung zu mir ruhte und in unserer Kommunion – unserer Ko-Union – konnte er stets meinen Willen und meine Gefühle zum Ausdruck bringen. Wenn du also Jesus anschaust und es dir scheint, dass er fliegt, dann … fliegt er wirklich. In Wahrheit aber siehst du mich – mein Leben in ihm. Denn so lebt und handelt er als wahrer Mensch, und so sollte jeder Mensch leben – aus meinem Leben.«

Das kann ich sein: ein hilfloser, abhängiger Teil deiner Gemeinschaft. Sei du mein Leben, mein Licht, meine Liebe.

25

»Ein Vogel ist nicht dadurch definiert, dass er am Bode
verharrt, sondern durch seine Fähigkeit zu fliegen.
Denke immer daran: Menschen sind nicht durch
ihre Grenzen definiert, sondern durch die Absichten,
die ich für sie habe; nicht durch das, was sie zu sein
scheinen, sondern durch alles, was es bedeutet, nach
meinem Ebenbild erschaffen zu sein.«

Ich habe mich in meinem Selbstwertgefühl von anderen
Menschen abhängig gemacht. Ich lasse »sie« darüber
urteilen, was es bedeutet, ich zu sein. Doch sie ändern
immer wieder ihre Meinung. Schenke mir deine Ohren,
Jesus, damit ich Gott hören kann, der mir sagt, wer ich bin.

»Zunächst einmal ist es gut, dass du das
Wunder meines Wesens nicht begreifen
kannst. Wer will schon einen Gott anbeten,
den er durch und durch versteht, hm?
Da wäre das Mysterium doch wirklich
nicht groß.«

Ich will keiner sein, der zu besitzen, zu beherrschen,
zu kontrollieren versucht. Ich will offen sein
für Freundschaft und Nähe. Ich will teilnehmen an
deinem Leben, fühlen, was dein Herz fühlt, deine Hand
in meiner spüren.

»Aber welchen Unterschied macht es, dass es drei von euch gibt, die doch als Gott alle eins sind?«

»Es macht einen gewaltigen Unterschied! Wir sind nicht drei Götter, und wir sprechen auch nicht über einen Gott mit drei unterschiedlichen Aspekten, wie etwa ein Mann, der Ehemann, Vater und Arbeitnehmer ist. Ich bin ein Gott, und ich bin drei Personen, und jede der drei ist vollkommen dieser eine Gott.«

Ich bejahe und bekräftige, dass es nur einen Gott gibt! Bitte offenbare mir, wer du für mich bist.

»Wichtig ist Folgendes: Wenn ich einfach der Eine Gott wäre und nur Eine Person, dann fändest du dich in dieser Schöpfung wieder, ohne etwas zu haben, das für dich bewundernswert, ja noch nicht einmal wesenhaft wäre. Und ich wäre vollkommen anders, als ich bin.«

Hingebungsvolle, fürsorgliche Liebe! Wärst du eine einsame, unsichtbare Singularität, dann gäbe es einen Grund und eine Entschuldigung für meine Selbstbezogenheit. Danke, dass du mich trotz meines Egoismus' nicht aufgibst, denn wie du bin ich eigentlich ein soziales Wesen.

»Und wir wären ohne …« Mack wusste nicht einmal,
wie er die Frage zu Ende formulieren sollte.

»Liebe und Beziehung. Liebe und Beziehung sind für
euch nur möglich, weil sie in mir bereits existieren,
in meinem Göttlichsein. Liebe ist nicht die Begrenzung;
Liebe ist das Fliegen. Ich bin Liebe.«

Wir kennen Liebe und Beziehung, weil beide bereits
in dir lebendig sind: ein Gott, der uns liebt,
wie er sein eigenes dreifaltiges Wesen liebt.
Ein erstaunliches Mysterium!

Mack wandte sich wieder Papa zu und schaute
sie voller Verwunderung an. Sie war so schön
und erstaunlich, und obwohl er sich etwas
verloren fühlte und die Große Traurigkeit noch
nicht von ihm gewichen war, fühlte er doch, dass
Papas Gegenwart ihm ein Gefühl der Sicherheit
vermittelte.

Ich wünsche mir, dass diese Momente,
in denen ich erleichtert aufatme,
innerlich ruhig werde und deine sanfte
Umarmung spüre, zu meinem ständigen
Lebensgefühl werden.

31 MÄRZ

»Du verstehst nicht, dass ich nur deshalb überhaupt zur Liebe fähig bin, weil es für mich ein Objekt der Liebe gibt – oder genauer gesagt, eine Person. Ohne eine Beziehung innerhalb von mir wäre das unmöglich. Ihr hättet dann einen Gott, der nicht lieben könnte. … Ihr hättet einen Gott, für den Liebe eine Begrenzung seines Seins wäre. Ein solcher Gott könnte lieblos handeln, und das wäre eine Katastrophe. Und so bin ich ganz sicher nicht.«

Ich lerne, daran zu glauben, dass es dein ständiger Seinszustand ist zu lieben, dass dies bei dir nicht bloß eine vorübergehende Laune oder Stimmung ist. Ich fange an … dir zu vertrauen.

Mit diesen Worten stand Papa auf, ging zur Ofentür, nahm den Auflauf heraus, stellte ihn auf die Anrichte und drehte sich um, als wollte sie sich Mack präsentieren. »Der Gott, der existiert – der ich bin, der ich bin –, kann nicht ohne Liebe handeln!«

Wenn es stimmt, dass alles, was du tust, ein Ausdruck deiner liebenden Natur ist, dann muss ich Zorn, Verurteilung, Disziplin und dergleichen von Grund auf überdenken. Hilf mir zu verstehen, auf welche Weise diese Dinge Ausdruck deiner Liebe zu mir sind.

Mack hatte große Mühe, das zu begreifen, was er da hörte. Aber er spürte doch, dass es etwas ganz Erstaunliches und Unglaubliches war. Es war, als würden Papas Worte ihn einhüllen, ihn umarmen und zu ihm in einer Weise sprechen, die weit über das hinausging, was er mit seinen Ohren hörte.

Ich weiß, dass meine Rezeptoren, die es mir ermöglichten, dich zu hören und deine Gegenwart zu spüren, in meiner Kindheit schwer geschädigt wurden und dass du sie jetzt wieder instandsetzt. Danke, dass du so viele Wege findest, dir bei mir Gehör zu verschaffen – durch Musik, fröhliches Lachen, Kinder, Meeresbrandung und das Rauschen des Regens.

3 APRIL

»Mackenzie, ich weiß, dass du große seelische Schmerzen erleidest, wütend und verwirrt bist. Wir beide, du und ich, werden einiges davon auflösen, während du hier bist. Aber du sollst wissen, dass mehr im Gange ist, als du dir vorstellen oder begreifen könntest, selbst wenn ich dir davon erzählen würde.«

Ich gebe zu, dass ich vieles nicht sehen oder begreifen kann. Ich möchte, dass das, was ich nicht weiß, mich veranlasst, noch mehr auf deinen Charakter zu vertrauen, statt zweifelnd über dein Handeln oder deine vermeintliche Untätigkeit nachzugrübeln.

4

»Baue auf das Vertrauen, das du in mich hast,
wie klein es auch sein mag, okay?«

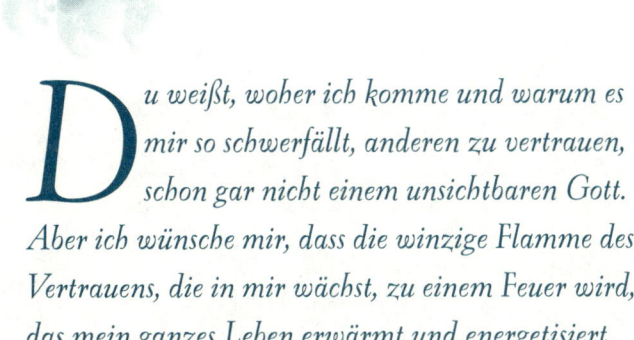

Du weißt, woher ich komme und warum es
mir so schwerfällt, anderen zu vertrauen,
schon gar nicht einem unsichtbaren Gott.
Aber ich wünsche mir, dass die winzige Flamme des
Vertrauens, die in mir wächst, zu einem Feuer wird,
das mein ganzes Leben erwärmt und energetisiert.

»Papa?«, sagte Mack schließlich, auf eine Art, die sich sehr seltsam anfühlte, aber immerhin versuchte er es.

»Ja, mein Schatz?«

»Es tut mir so leid, dass Jesus sterben musste.«

»Ich weiß, und ich danke dir dafür. Aber du solltest wissen, dass es uns überhaupt nicht leidtut. Die Sache war es wert.«

Könnte es sein, dass du mir schon immer Zuneigung und Aufmerksamkeit gewidmet hast … dass ich dir wirklich etwas bedeute?

Das also war Gott in Beziehung? Er fand es
schön und wirklich ansprechend. ... Deutlich
sichtbar war die Liebe, die sie füreinander
empfanden, und die Erfüllung, die ihnen das
schenkte. Er schüttelte den Kopf. Wie sehr
unterschied sich das von der Art, wie er selbst
die Menschen behandelte, die er liebte!

Hilf mir, in meinen Beziehungen zu
anderen Menschen das Potenzial zu
erkennen, andere Entscheidungen
zu treffen und neue, tiefere Erfahrungen
zu machen. Hilf mir, mich nicht auf eine
Weise mit anderen zu vergleichen, die mich
herunterzieht und in meiner Entwicklung
behindert.

7 APRIL

»*Wenn du mit einem Kind spielst oder malst, tust du das nicht, um dem Kind deine Überlegenheit zu zeigen. Vielmehr entscheidest du dich, dich selbst zu begrenzen, um die Beziehung zu dem Kind zu ermöglichen und zu ehren. Aus Liebe zu dem Kind lässt du es sogar beim Spielen gewinnen. Es geht nicht um Gewinnen und Verlieren, sondern um Liebe und Respekt.*«

Ich gestehe, dass ich oft dachte, du wärest egozentrisch und stolz auf deine Überlegenheit und Macht. Du hättest dir einen Kosmos erschaffen, der sich vor deiner Größe verneigt. Aber wie kann dann Jesus so demütig und gütig sein? Mein Universum steht Kopf!

8

»Bei Beziehungen geht es niemals um Macht,
und ein Weg, den Machtwillen zu vermeiden,
ist es, sich selbst Grenzen aufzuerlegen – zu dienen.
Oft verhalten sich Menschen so – indem sie den
Schwachen und Kranken beistehen, denen helfen,
die geistig verwirrt sind, die Armen unterstützen
und sogar jenen, die Macht über sie ausüben,
mit Liebe begegnen.«

Bei Macht geht es darum, dass ich Kontrolle
ausüben will, und der wahre Grund für dieses
Machtstreben ist meine Unsicherheit. Hilf mir,
mich in andere Menschen hineinzuversetzen, damit ich
verstehe, dass Opfer und Wiederauferstehung eins sind.

9

»Jetzt hätte ich gerne eine Andacht.«

Jesus streckte die Hände aus und nahm Papas Hände in seine, und auch auf den Handgelenken Jesus' waren die Narben nun deutlich sichtbar. Gebannt sah Mack zu, wie Jesus die Hände seines Vaters küsste, ihm tief in die Augen schaute und schließlich sagte: »Papa, ich fand es wundervoll, dir heute zuzusehen, wie du dich vollkommen geöffnet hast, um Macks Schmerz in dich aufzunehmen, und ihm dann einfühlsam die Zeit gegeben hast, die er brauchte. Damit hast du ihm Ehre erwiesen und mir. Es war wirklich unglaublich, dir zuhören zu dürfen, wie du Liebe und Frieden in sein Herz hineingeflüstert hast. Das mitzuerleben war wirklich eine Freude! Ich liebe es, dein Sohn zu sein.«

Mein Herz hüpft vor Freude, angesichts solcher natürlicher Intimität. Das möchte ich auch erleben!

Sich in der Gegenwart einer solchen Liebe
aufzuhalten, schien bei ihm eine innere emotionale
Blockade aufzulösen. Zwar verstand er nicht genau,
was er fühlte – aber es fühlte sich gut an!
Und wovon wurde er Zeuge? Von etwas Einfachem,
Warmherzigem, Intimem, Aufrichtigem.
Das war heilig. Für Mack war Heiligkeit immer
ein kaltes und steriles Konzept gewesen, aber das hier
war ganz anders.

Ich vergesse, dass du schon vor der Schöpfung heilig warst, vor
Sünde und Übel, und dass die Heiligkeit deine einzigartige,
unvergleichliche Liebe feiert, die in dir und überall in deiner
Schöpfung tanzt ... also auch in mir.

11 APRIL

Mack nickte. Diese Sache mit der Gottesgegenwart war zwar schwer zu begreifen, drang jedoch unter Umgehung seines Verstandes immer tiefer in sein Herz.

Im Dämmerlicht meines verdunkelten Verstandes und meines gebrochenen Herzens wohnt ein Geheimnis, das mir bislang unbekannt war: dass ihr, Vater, Sohn und Geist, längst euren Weg in diese tiefe Dunkelheit gefunden habt und für mich da seid auf eine Weise, die ich noch nicht begreifen kann.

»Gehen wir nach draußen auf den Bootssteg und schauen uns die Sterne an. ... Komm schon«, unterbrach Jesus seine Überlegungen. »Ich weiß, wie gerne du dir Sterne anschaust! Möchtest du?« Jetzt klang er wie ein aufgeregtes, von Vorfreude erfülltes Kind.

Dir bereitet es solche Freude, mit mir zu teilen, was du bereits kennst, und mit mir gemeinsam zu staunen. Und ich? Ich will das, was ich weiß, in eine Ware verwandeln, die ich für ein Stückchen Selbstwert oder Sicherheit zu verkaufen bereit bin. O weh! Ich habe noch einen weiten Weg vor mir.

Er hatte beinahe das Gefühl, in den Weltraum hineinzufallen, so als rasten die Sterne ihm entgegen, um ihn zu umarmen. Er streckte die Hände aus und stellte sich vor, er könnte Diamanten, einen nach dem anderen, aus dem samtschwarzen Himmel pflücken.

»Wahnsinn!«, flüsterte er.

Jesus, du hast deine heiligen Geschenke überall versteckt, um mich zu überraschen. Mögen sie wenigstens für einen kurzen Augenblick meine Kleinheit durchbrechen und mich in die Größe deiner Kreativität hineinziehen.

Mack war unsicher, wie er seine Empfindungen
in Worte fassen sollte. Doch während sie
schweigend dalagen und staunend zu der
himmlischen Offenbarung aufblickten, fühlte
er in seinem Herzen, dass auch dies heilig war.
Während sie in ehrfürchtigem Staunen ins All
schauten, zogen gelegentlich Sternschnuppen
kurze Leuchtspuren durch den Nachthimmel,
worauf jedes Mal der eine oder andere ausrief:
»Hast du das gesehen? Fantastisch!«

Danke für die unerwarteten kleinen
Freuden, die mich mit einem Gefühl
der Hoffnung erfüllen.

15 APRIL

»Unglaublich!«, flüsterte Jesus, dessen Kopf
dicht bei Macks Kopf in der Dunkelheit lag.
»Dieser Anblick wird mir niemals langweilig.«

»Obwohl du es erschaffen hast?«, fragte Mack.

»Ich habe es als das Wort erschaffen, bevor das
Wort Fleisch wurde. Also sehe ich es, obwohl ich es
erschaffen habe, nun mit den Augen des Menschen.
Und ich muss sagen, es ist beeindruckend!«

Es ist eine große Ermutigung, zu wissen,
dass Freude an der Kreativität meines
Geistes, meiner Seele und meines Körpers
zugleich völlig menschlich und ganz und gar
göttlich ist.

Nach einem besonders langen Schweigen begann Mack zu sprechen. »In deiner Gegenwart fühle ich mich wohler. Du scheinst anders zu sein als die beiden. ... Du bist realer, irgendwie greifbarer. ... Es ist, als hätte ich dich schon immer gekannt.«

Du hast einen Abgrund in meiner Weltsicht entdeckt, eine Kluft in meinem Herzen, und ohne mich im geringsten zu verdammen, entscheidest du dich dafür, meine Brücke über diesen Abgrund zu sein. Danke!

17

»Da ich ein Mensch bin, haben wir natürlich viel mehr gemeinsam. … Ich bin der beste Weg, wie die Menschen zu Papa und Sarayu in Beziehung treten können. Mich zu sehen, heißt, sie zu sehen. Die Liebe, von der du spürst, dass ich sie für dich empfinde, unterscheidet sich nicht von der Art, wie sie dich lieben.«

Vergib mir, dass ich glaubte, du wärest gekommen, um mich vor Papa Gott zu retten.

»Ist Sarayu der Heilige Geist?«

»Ja. Sie ist Kreativität. Sie ist Aktivität. Sie ist der Atem des Lebens. Sie ist viel mehr. Sie ist mein Geist.«

»Und ihr Name: Sarayu?«

»Das ist ein einfacher Name aus einer unserer menschlichen Sprachen. Es bedeutet ›Wind‹, ein ganz normaler Wind. Sie liebt diesen Namen.«

Du bist der Wind, der mich überrascht, das Wasser, das meinen ewigen Durst stillt, die verborgene Quelle, aus der Denken, Musik, Kreativität und Freiheit fließen. Komm, erfülle mich, und höre damit bitte niemals auf.

»Und der Name, den Papa erwähnte, Elo…, El…«

»Elousia«, sagte die Stimme aus der Dunkelheit
ehrfürchtig. »Das ist ein wundervoller Name.
El ist mein Name als Schöpfergott, aber ousia bedeutet
›Wesen‹ oder ›Das, was wahrhaft wirklich ist‹, also
bedeutet dieser Name ›Der Schöpfergott, der wahrhaft
wirklich ist‹ und der Urgrund allen Seins. Das ist also
auch ein wirklich schöner Name.«

Was, wenn dein Sein, dein Leben, deine Gemeinschaft
das Gewebe des Universums ausmacht, wenn es der
Grund unserer Existenz und unsere Bestimmung ist,
und wenn dieses Sein die Liebe ist?

Mack lag ein paar Sekunden stumm da und erkannte, dass er zwar geglaubt hatte, Jesus zu kennen, aber vermutlich … kannte er ihn gar nicht wirklich. Vielleicht kannte er nur eine Ikone, ein Ideal, ein Bild, mit dessen Hilfe er versuchte, ein Gefühl für Spiritualität zu bekommen, aber nicht den wirklichen Menschen Jesus.

Es fällt mir leichter, eine gedankliche Vorstellung von dir oder eine Theologie zu haben, als dich tatsächlich zu erkennen und zu erfahren. Beziehung ist Einmischung und Mysterium. Obwohl ich das hasse, will ich es mit jeder Faser meines Seins.

21 APRIL

»Warum ist das so?«, fragte Mack. »Du hast gesagt, wenn ich dich wirklich kennen würde, wäre es unwichtig, wie du aussiehst ...«

»Das ist wirklich ziemlich einfach. Das Sein transzendie immer die äußere Erscheinung – das, was nur scheinbar existiert. Da ist das äußere Gesicht, welches du entsprechen deiner Vorurteile als schön oder hässlich bewertest. Doch wenn du einmal beginnst, das Sein hinter diesem Gesicht kennenzulernen, verblasst die äußere Erscheinung, bis sie schließlich gar keine Rolle mehr spielt.«

Immer wieder mache ich mich schuldig, indem ich vorschnell und nach dem äußeren Anschein urteile. Lehre mich zu sehen, wie du siehst – das Wahre, Tiefe, Transzendente zu sehen, das durch das Gewöhnliche hindurchscheint.

»Deshalb ist Elousia ein so wundervoller Name.
Gott, der Urgrund allen Seins, wohnt und wirkt
in allen Dingen, durch sie und um sie herum
– als die höchste Realität –, und alle äußeren
Erscheinungsformen, die Masken dieser
Realität sind, werden vergehen.«

Ich kann mir selbst und anderen etwas vormachen.
Aber der Tag wird kommen, an dem ich weiß, dass du
weißt, dass ich weiß, dass du weißt. Dann werden alle
Masken fallen, und ich werde mich nirgendwo verstecken
können. Dann werde ich endlich erkennen, dass du mich
immer schon geliebt hast und immer lieben wirst.

23 APRIL

»Aber glaube nicht, dass unsere Beziehung
weniger real sein muss, weil ich normalerweise
unsichtbar für dich bin. Sie wird anders sein,
aber vielleicht sogar noch realer. …
Meine Absicht bestand von Anfang an darin,
dass ich in dir leben soll und du in mir.«

Jesus, du bist so sehr eingebettet in mein
Leben, du bist mir so nah – in meinen
Lasten, Einsichten, Freuden und
Schmerzen –, dass ich dich nicht sehen kann,
noch nicht.

»Langsam. Warte mal! Wie soll das funktionieren?
Wenn du vollkommen menschlich bist, wie kannst
du dann in mir sein?«

»Erstaunlich, nicht wahr? Das ist Papas Wunder.
Das ist die Macht Sarayus, meines Geistes, des
göttlichen Geistes, der jene Einheit wiederherstellt, die
vor so langer Zeit verloren ging. Ich? Ich entscheide
mich dafür, von Augenblick zu Augenblick völlig
als Mensch zu leben. Ich bin voll und ganz Gott,
aber ich bin auch durch und durch Mensch.
Wie schon gesagt, das ist eines von Papas Wundern.«

Du bist ein Geheimnis. Von Zeit zu Zeit
erhasche ich einen Blick auf deine Natur
und bin zutiefst erstaunt und verwundert.

25

»Der Mensch, erschaffen aus der physischen, materiellen Schöpfung, kann erneut vollkommen vom spirituellen Leben, meinem Leben, beseelt und bewohnt werden. Dazu ist es erforderlich, dass eine sehr reale, dynamische und aktive Vereinigung existiert.«

Wieder einmal bekenne ich, dass mir manchmal lieber ist, du wärst eine Ideologie, eine Doktrin, als eine Person, zu der ich eine enge Beziehung habe. Es ist viel leichter, recht zu haben, als zu vertrauen und sich zu ändern.

In der nun folgenden Stille ließ Mack es
geschehen, dass die Unermesslichkeit des
Alls und das glitzernde Licht ihm seine
Winzigkeit bewusst machten und ihm doch
zugleich das Gefühl gaben, das alles drehe
sich um ihn ... um die menschliche Rasse ...
dass dies alles für uns gemacht sei.

Ich möchte still sein, mich ganz dem Staunen über
deine Wunder hingeben und wirklich glauben,
dass du jetzt und immerdar für uns da bist.

27 APRIL

Nach einer scheinbar sehr langen Zeit war es diesmal Jesus, der das Schweigen unterbrach.

»Ich werde nie müde, mir das anzuschauen. Dieses unermessliche Wunder – die verschwenderische Größe der Schöpfung, wie einer unserer Brüder es einmal genannt hat. So elegant und nach all der Zeit immer noch so voller Sehnsucht und Schönheit.«

Wir leben auf diesem winzigen Planeten, der nicht mehr als ein Fleck in der Weite dieses Universums ist, doch du nimmst uns nicht nur wahr, sondern wir stehen sogar im Mittelpunkt deiner Zuneigung. Du bist extravagant in deiner Gnade, wunderbar verschwenderisch in deiner Kreativität.

»Weißt du«, sagte Mack, dem plötzlich das Absurde der ganzen Situation wieder bewusst wurde – wo er sich befand und wer die Person neben ihm war. »Manchmal klingst du so … ich meine, hier liege ich neben Gott, dem Allmächtigen, und du klingst so …«

»Menschlich?«, schlug Jesus vor. »Aber hässlich.« Er fing an zu kichern …

Wie wunderbar, dass du dich entschieden hast, für immer eins mit uns in unserer Menschlichkeit zu sein. Das ist wirklich göttlich von dir, du Gott mit schwieligen Händen und einem großartigen Sinn für Humor!

Es war ansteckend, und Mack wurde einfach mitgerissen. Tief aus seinem Inneren brach sich lautes Gelächter Bahn. Er lachte wie schon sehr lange nicht mehr. Jesus umarmte ihn, von Lachen geschüttelt, und Mack fühlte sich so rein und lebendig und wohl wie seit ... nun, er wusste nicht, wann er sich jemals so gefühlt hatte.

Was ist das Lachen doch für ein Geschenk! Es gibt nichts anderes, was für mich so sehr das Lied von Beziehung und Verbundenheit singt. In solchen Augenblicken fühle ich mich wie ein zutiefst geliebtes Kind.

»Jesus?«, flüsterte er mit erstickter Stimme.
»Ich fühle mich so verloren.«

Eine Hand kam aus der Dunkelheit, nahm
seine Hand und ließ sie nicht wieder los.
»Ich weiß, Mack. Aber es stimmt nicht.
Ich bin bei dir, und ich bin nicht verloren.«

Danke, dass du meine Gefühle nicht abwertest
oder mir einredest, dass ich mich für sie
schämen muss. Danke, dass du mich nicht
loslässt, auch wenn ich nicht weiß, woran ich mich
festhalten soll. Danke ... dass du einfach bei mir bist.
Du weißt, wie verloren ich mich manchmal fühle.
Danke!

1 MAI

Jene, die noch nie auf solche Weise geflogen sind,
neigen dazu, solche, die glauben, dass sie es tun,
für verrückt zu halten, aber insgeheim sind sie
vermutlich zumindest ein bisschen neidisch.
Mack hatte schon seit Jahren keinen Flugtraum
mehr gehabt, nicht, seit die Große Traurigkeit über
ihn gekommen war, aber in dieser Nacht flog er
hoch hinauf in die sternklare Nacht …

Erhebe meinen Geist, halte meine Hand und lehre
mich zu fliegen, sogar in der Dunkelheit meiner Welt.
Heute vertraue ich all meinen Kummer dir an.

»Das Ganze kann unmöglich real sein«, brummte
Mack. Papa – wer immer sie sein mochte –
machte ihn nervös, und er hatte keine Idee, was er
von Sarayu halten sollte. Er musste zugeben,
dass Jesus ihm sympathisch war, aber er war auch
der am wenigsten Gottesähnliche der drei.

Mack schüttelte zutiefst erstaunt und verwirrt
den Kopf. Was ging hier vor? Wer waren diese
drei wirklich, und was wollten sie von ihm?
Was immer es war, er war sicher, dass er es ihnen
nicht geben konnte und wollte.

Oft weiß ich gar nicht, wie ich meine Zerrissenheit,
meine Verwirrung dir übergeben soll. Ich vertraue
darauf, dass du einen Weg zu mir findest.

3

»Wie hast du geträumt? Träume sind
manchmal wichtig. Sie können ein Weg sein,
das Fenster zu öffnen und die schlechte Luft
hinauszulassen.«

Bitte führe mich mit der Weisheit eines scharfen
Verstandes und schenke mir Augen, um zu
sehen, und ein Herz, das offen ist für das,
was du mir an den verletzlichsten Stellen meiner Seele
enthüllst.

»Ist er dein besonderer Liebling?«

»Mackenzie, ich bevorzuge niemanden.
Ich mag ihn nur ganz besonders gern.«

Zu sagen, dass du mich liebst, ist eine Aussage über dich. Zu sagen, dass du mich besonders gern hast, ist eine Aussage über mich. Kann ich das wirklich glauben? Dass du, der mich so durch und durch kennt, mich trotz allem gern hat?

5 MAI

»Du scheinst mir eine Menge Leute ganz besonders gern zu haben«, stellte Mack mit misstrauischem Blick fest. »Gibt es auch Leute, die du nicht besonders gern hast?«

Sie hob den Kopf und rollte mit den Augen, als würde sie im Geiste jedes Wesen, das sie je erschaffen hatte, Revue passieren lassen. »Nee, da wüsste ich niemanden. So ist es nun einmal.«

Allmählich glaube ich wirklich, dass deine Zuneigung zu mir wie ein Fels in der Brandung ist und ich sie niemals verliere, egal, welche Fehler ich mache. Ich kann gar nicht sagen, wie wunderbar das ist!

6

Mack war interessiert. »Bist du denn niemals wütend auf einen von ihnen?«

»Aber klar! Geht das nicht allen Eltern so? Bei dem Schlamassel, den meine Kinder angerichtet haben, und dem Schlamassel, in dem sie stecken, gibt es eine Menge Gründe, wütend zu sein. Mir gefallen viele ihrer Entscheidungen nicht, aber diese Wut ist – besonders bei mir – dennoch ein Ausdruck der Liebe. Ich liebe die, auf die ich wütend bin, genauso wie die, die mich nicht wütend machen.«

Hilf mir, auf gesunde Art wütend zu sein – Wut, die ein Ausdruck von Liebe ist!

»Ich verstehe, wie verwirrend das alles für dich sein muss, Mack. Aber ich muss niemanden überzeugen, und ich gebe nicht vor, etwas zu sein, was ich nicht bin. Der Einzige, der sich hier verstellt und versucht, anderen etwas vorzumachen, bist du. Ich bin, was ich bin. Ich versuche nicht, dem Bild zu entsprechen, das manche Leute vielleicht von mir haben.«

Du warst es, der diese Sehnsucht nach Authentizität in mich hineingelegt hat.
Ich weiß nicht, wie ein so zerrissener Mensch wie ich es schaffen soll, der zu werden, der ich wirklich bin.
Bitte höre mein Rufen und antworte!

»Ich erwarte nicht von dir, dass du etwas glauben sollst, aber ich sage dir, dass dieser Tag für dich sehr viel leichter werden wird, wenn du einfach akzeptierst, was ist, statt dir das, was ist, so zurechtzubiegen, dass es in dein vorgefasstes Denkschema passt.«

Zu einem großen Teil lebe ich in meinen Annahmen, Erwartungen und Vorurteilen. Aber das funktioniert nicht sehr gut. Heiliger Geist, ich benötige dringend einen neuen Blick auf die Welt.

9 MAI

Da unterbrach Papa die
Frühstücksvorbereitungen
und wandte sich Mack zu.
Er sah eine tiefe Traurigkeit
in ihren Augen.
»Ich bin nicht so, wie du
glaubst, Mackenzie.«

Mit meiner geschädigten Imagination habe ich
mir ein Bild von dir erschaffen. Ich dachte,
das würde mir helfen, mein Leben in den Griff
zu bekommen und mich sicher zu fühlen. Doch ich kann
mich selbst nicht erlösen. Darum will ich herausfinden,
wie du wirklich bist.

»Ich brauche die Menschen nicht für ihre Sünden zu bestrafen. Die Sünde trägt ihre eigene Strafe in sich, sie verzehrt dich von innen heraus. Es ist nicht meine Absicht, jene zu bestrafen, die sündigen. Vielmehr ist es meine Freude, die Sünde zu heilen.« – Papa

Ich beginne zu verstehen, dass es tiefer geht, dass es deine Absicht ist, die Sünde völlig auszulöschen, weil sie jene, die du liebst, verletzt und unfrei macht. Bitte, sei das Feuer, das alles in mir verbrennt, was mich hindert, frei zu sein.

11

»Ich verstehe nicht …«

»Ja, stimmt, das tust du nicht«, sagte sie mit einem Lächeln, das immer noch ein bisschen traurig war. »Aber unser Treffen ist ja auch noch nicht beendet.«

Noch vor wenigen Jahren glaubte ich, meine Meinung wäre die richtige. Schau, wie ich mich geändert habe! Erinnere mich daran, dass ich noch nicht am Ziel bin, sondern dass mich weitere Veränderungen und noch mehr Wachstum erwarten.

Sie reichten sich gegenseitig das Essen, und gebannt lauschte Mack dem Gespräch zwischen Papa, Jesus und Sarayu. Nie hatte er drei Menschen in solcher Einfachheit und Schönheit Gemeinschaft praktizieren sehen. Jeder schien sich der beiden anderen stärker bewusst zu sein als sich selbst.

Ich wünsche mir, dass meine Beziehungen so sind wie die zwischen euch dreien – ohne jeden Schatten, kein Versteckspielen, keine Angst, kein Ehrgeiz, keine Gier, kein Selbstschutz, keine verborgenen Absichten, keine Erwartungen, keine Forderungen.

13 MAI

»Nun, ich weiß, dass ihr das Eine und das Ganze seid und dass es drei von euch gibt. Aber ihr behandelt euch gegenseitig mit solchem Respekt. Ist denn nicht einer von euch der Boss?«

Die drei schauten sich an, als hätten sie noch nie über eine solche Frage nachgedacht.

Ständig versuche ich, eure Beziehung zu etwas umzudeuten, mit dem ich vertraut bin: Verhaltensmuster der Macht und Kontrolle. Doch ihr bringt mich mit eurer Demut und gegenseitigen Fürsorge immer wieder aus dem Konzept.

»Mackenzie, es gibt unter uns kein Konzept einer obersten Autorität, nur Einssein. Unsere Beziehung ist ein Kreis, keine Befehlskette oder ›Kette des Seins‹, wie deine Vorfahren es zu nennen pflegten.

Was du hier erlebst, ist eine Beziehung ohne Machtspiele. Wir müssen keine Macht über den anderen ausüben, weil wir stets nur das Beste wollen.«

Und ich? Ich versuche herauszufinden, wo in dieser Kette mein Platz ist, damit ich mich wenigstens einem anderen Menschen überlegen fühlen kann. Aber ich hasse mich dafür.

»Die Menschen sind so verloren und geschädigt. Darum ist es für euch fast unvorstellbar, dass Leute zusammenleben oder zusammenarbeiten können, ohne dass jemand Macht über andere ausübt.«

»Das ist einer der Gründe dafür, dass es euch so schwerfällt, wirklich glückliche Beziehungen aufzubauen.«

Aber ich will, dass ein anderer Schuld ist. Ich will nicht selbst für meine Fehler und Entscheidungen die Verantwortung übernehmen. Ich will, dass mir jemand sagt, was ich tun soll. Lieber will ich in einem solchen Gefängnis sitzen, als mich auf die Unsicherheit der Freiheit einzulassen. Bitte zerstöre das in mir, was mich diese Fesseln akzeptieren lässt.

16

»Habt ihr einmal eine Hierarchie geschaffen, braucht ihr Regeln, um sie zu schützen und zu verwalten, und dann braucht ihr Gesetze und die gewaltsame Durchsetzung dieser Regeln, und damit endet ihr mit einer Befehlskette oder einem Ordnungssystem, das gesunde Beziehungen zerstört, statt sie zu fördern. Nur ganz selten erlebt ihr Beziehungen, in denen Macht keine Rolle spielt. Die Hierarchie bringt Gesetze und Regeln hervor, und als Folge davon entgeht euch das Wunder der Beziehung, wie wir sie für euch vorgesehen hatten.«

Du weißt, dass wir es nicht besser wissen. Wir sind blind und haben uns verirrt. Bitte komm und finde uns.

17 MAI

»Aber wir haben uns ziemlich gut daran angepasst«,
sagte Mack sarkastisch.

Darauf erntete er eine rasche Erwiderung von Sarayu:
»Verwechsle Anpassung nicht mit Absicht oder
Versuchung mit Realität.«

B itte schenke mir die Weisheit zu unterscheiden,
wann eine Veränderung eine Selbsttäuschung
ist, die mich bindet, und wann sie eine echte
Transformation ist, die in die Freiheit führt.

»*Wenn ihr Unabhängigkeit dem Eingehen von Beziehungen vorzieht, werdet ihr zur Gefahr für euch selbst und andere. Dann manipuliert ihr andere Menschen um eures eigenen Glückes willen. Autorität, wie ihr sie euch gemeinhin vorstellt, ist bloß eine Entschuldigung, welche die Starken benutzen, um den Schwachen ihren Willen aufzuzwingen.*«

Wenn wir keine Hierarchien und Machtausübung mehr haben, was wird dann aus unserer Sicherheit? Vertrauen? Ich soll dir vertrauen?

19

»Wir respektieren alle eure Entscheidungen,
daher arbeiten wir innerhalb eurer Systeme.
Aber unser Ziel ist es, euch aus diesen Systemen
zu befreien«, fuhr Papa fort. »Die Schöpfung hat
einen Weg eingeschlagen, der ganz anders ist,
als wir es uns gewünscht haben.«

Jesus, zeige mir, wie ich an eurem Weg mitwirken
kann – indem ich die Entscheidungen anderer
Menschen respektiere, mich auf ihre Welt einlasse
und ohne Zwang und Manipulation präsent bin,
um sie zur Freiheit zu inspirieren.

»In eurer Welt wird der Wert des Individuums ständig gegen das Überleben des Systems abgewogen, sei es nun politisch, ökonomisch, sozial oder religiös – das gilt für jedes eurer Systeme. Erst wird ein Mensch, dann werden ein paar und schließlich sogar viele für das Gute und den Fortbestand des Systems geopfert.«

... und ihr lasst allen ihre persönliche Freiheit, damit sie den Einen finden.

21 MAI

»In der einen oder anderen Form liegt das jedem eurer Machtkämpfe zugrunde, jedem Vorurteil, jedem Krieg und jedem Missbrauch einer Beziehung. Das ›Streben nach Macht und Unabhängigkeit‹ ist so weit verbreitet, dass ihr es heute als normal anseht.«

Was ist, wenn das, was wir für normal halten, falsch ist, tödlich falsch?

»Ihr wurdet als glorreiche Krone der Schöpfung nach unserem Ebenbild erschaffen, frei von allen Systemen und Strukturen, frei, einfach nur zu ›sein‹, in Beziehung zu mir und untereinander.«

Das mit dem Garten Eden ist doch schon so lange her. Wir können uns kaum daran erinnern, und doch überlebt er in unseren tiefsten Sehnsüchten. Ich will das Paradies für mich, für die Menschen, die ich liebe, für meine Feinde, für die gesamte Menschheit, für den ganzen Kosmos.

»Hättet ihr wirklich gelernt, euch um eure
Nächsten so sehr zu sorgen wie um euch selbst,
gäbe es keine Notwendigkeit für Hierarchien.«

… und die Welt, wie wir sie kennen, und das,
was ich für meinen Platz darin gehalten habe,
würde einstürzen. Das macht mir Angst,
aber es erfüllt mich auch mit Hoffnung!

»Ihr Menschen seid so verloren und geschädigt,
dass hierarchiefreie Beziehungen für euch fast
unvorstellbar sind. Deshalb glaubt ihr,
Gott müsse so hierarchisch denken und leben
wie ihr. Aber das trifft nicht zu.«

Wenn das zutrifft, was sagt das über
alle unsere Religionen aus, über
die »sicheren Karrieren« in
den Kirchenhierarchien und all das Streben
nach religiöser Überlegenheit? Wie wäre es,
wenn wir unseren Platz im Leben jenseits von
Macht und Kontrolle fänden?

»Wir [Vater, Sohn und Heiliger Geist] werden dich niemals manipulieren oder ausnutzen. Wir wollen mit dir die Liebe und Freude und Freiheit und das Licht teilen, das wir bereits in uns tragen.«

Wenn andere uns manipulieren oder ausnutzen, fühlen wir uns missachtet. In einer Gemeinschaft zu leben, in der alles miteinander geteilt wird, bewirkt, dass wir uns geehrt und respektiert fühlen. Danke, Gott, dass du kein »Manipulator« bist, sondern uns alle an deiner Gemeinschaft teilhaben lässt.

»Wir haben euch erschaffen, die Menschen,
damit ihr eine ganz persönliche Beziehung von
Angesicht zu Angesicht mit uns haben sollt
und euch dem Kreis unserer Liebe anschließt.
So schwer begreiflich das für dich sein mag, alles,
was geschieht, dient ausschließlich diesem Ziel,
ohne dass dabei euer freier Wille verletzt wird.«

Einst glaubte ich, du wärst jemand,
der mich hart für meine Sünden
bestraft, zu meinem eigenen Wohl
selbstverständlich. Heute glaube ich, dass
das eine Lüge ist.

27

»Es gibt Millionen Gründe dafür,
Schmerz und Verletzungen zu erlauben,
statt sie auszumerzen, aber die meisten
dieser Gründe lassen sich nur im
Rahmen der individuellen Geschichte
eines Menschen verstehen.«

Heiliger Geist, du bist ein Genie darin,
Schlechtes in Gutes zu verwandeln.
Stets arbeitest du daran, meine Sorgen und
Leiden in Sakramente ewiger Liebe umzuwandeln.
Ich bin dankbar, dass es persönliche Freiheit gibt und
keinen von vornherein feststehenden universalen Plan.

»Ich bin nicht böse. Ihr selbst sorgt dafür, dass eure zwischenmenschlichen Beziehungen mit Angst, Schmerz, Machtgier, Rechten und Pflichten belastet sind. Aber eure Entscheidungen sind niemals stärker als meine Absichten, und ich werde jede Entscheidung, die ihr trefft, dazu nutzen, dem höchsten Guten Geltung zu verschaffen und die liebevollsten Resultate herbeizuführen.«

Darauf hoffe ich: dass ich weder stark genug bin, um deinen Charakter zu verwandeln, noch mächtig genug, um deine Absichten zu verändern, und dass du gut bist, und zwar immer und ohne Ausnahme.

29 MAI

»Gebrochene Menschen richten ihr Leben nach
Dingen aus, die ihnen gut erscheinen, aber das wird
ihnen weder Erfüllung schenken noch sie befreien.
Sie sind süchtig nach Macht oder nach der Illusion
von Sicherheit, die Macht ihnen bietet.«

Was für ein quälendes Gefühl des Verlustes und
der Leere stellt sich ein, wenn wir endlich das
erlangen, von dem wir glaubten, es würde uns
Erfüllung schenken, nur um dann festzustellen, dass wir
weiterhin unerfüllt sind. Deshalb verharren wir, aus Angst
vor Enttäuschung, oft lieber in der Illusion der Verheißung,
als das erträumte Ziel tatsächlich zu verwirklichen.
Ist das nicht furchtbar traurig?

30

»Wenn du doch nur sehen könntest, wie all das
enden wird und was wir erreichen werden,
ohne den freien Willen eines einzigen Menschen
zu verletzen, dann würdest du verstehen!
Eines Tages wirst du es verstehen.«

Ich möchte, dass deine Liebe meine tiefsten
Wünsche und Sehnsüchte erreicht und dass
diese Liebe siegt … ganz und gar! Ich sehne
diesen Tag herbei, an dem ich verstehen werde!

»Wenn du wüsstest, dass ich gut bin und dass alles – die Mittel, die Resultate und alle Vorgänge des individuellen Menschenlebens – in meine Güte eingeschlossen ist, dann würdest du zwar mein Handeln nicht immer verstehen, aber du würdest mir vertrauen.«

Darauf läuft es immer wieder hinaus: Vertrauen. Und das wirft stets die Frage nach deinem Charakter auf. Ist Gott gut? Wäre es nicht leichter, wenn ich einfach einer Liste von Geboten gehorchte? Doch tief drinnen fühle ich, dass Vertrauen das ist, was ich wirklich will. Ich weiß nur noch nicht, wie ich dorthin gelange.

1 JUNI

*»Du verstehst wirklich noch nicht. Du versuchst,
die Welt, in der du lebst, zu verstehen, jedoch
aus einer sehr engen und unvollständigen
Perspektive. Es ist, als würdest du durch das
winzige Astloch von Schmerz, Ichbezogenheit
und Macht einen Festumzug beobachten und
glauben, du seist auf dich allein gestellt und
bedeutungslos. Doch das sind lediglich Lügen,
wenn auch sehr wirkungsvolle.«*

Bitte hilf mir, die Lügen zu erkennen,
mit denen ich mich selbst vom
wirklichen Leben ausschließe,
auch die Lügen, die mir kostbar erscheinen.

»Mackenzie, man kann Vertrauen ebenso wenig künstlich hervorbringen wie Demut. Beides ist entweder da oder nicht. Vertrauen ist die Frucht einer Beziehung, in der du weißt, dass du geliebt wirst.«

Ich entdecke jetzt, dass Vertrauen kompliziert und einfach zugleich ist. Kompliziert, weil mein Verstand bei allem »Nein« schreit, das sich unlogisch oder riskant anfühlt. Einfach weil Vertrauen die natürlichste Sache der Welt ist, wenn ich bereit bin, das Geschrei des Verstandes zu ignorieren, und glaube, dass du mich wirklich liebst.

3

»Ich bin gut, und ich wünsche mir das Beste für dich. Das lässt sich niemals mittels Schuldgefühlen, Verdammung und Zwang erreichen, sondern nur durch eine echte Liebesbeziehung. Und ich liebe dich.«

Danke, dass du mich liebst. Bitte lass unsere Beziehung mich erfüllen. Bringe die Stimme meiner Schuldgefühle zum Schweigen. Befreie mich von den religiösen Zwängen, die mir auferlegt wurden und die ich anderen auferlegt habe.

»Ich möchte nur, dass du bei mir bist und
entdeckst, dass es in unserer Beziehung
nicht um Leistung geht oder darum,
dass du mich zufriedenstellen müsstest.«

Ich kann mir keine Beziehung ohne Erwartung
und Leistungsdruck vorstellen … es sei denn,
ich werde so geliebt und akzeptiert, wie ich bin.
Ich möchte lernen, dir zu vertrauen, statt ständig zu
versuchen, dich zufriedenzustellen.

5 JUNI

Mack drehte sich noch einmal um und sagte: »Eine Bemerkung noch. Ich kann mir einfach kein Endziel vorstellen, das all dieses Leid rechtfertigen würde.«

»Mackenzie.« Papa erhob sich, ging um den Tisch herum und drückte ihn kräftig an sich. »Wir rechtfertigen das Leid nicht. Wir erretten euch daraus.«

Ich nehme an, dass meine Religiosität in Wahrheit eine Form der Selbstrechtfertigung ist. Lehre mich, mehr wie du zu leben – wahre Veränderung und Erlösung zuzulassen, statt mich selbst zu rechtfertigen.

Mack folgte Sarayu, so gut er es vermochte. …
Hinter einem solchen Wesen herzugehen war,
als versuche man, einem Sonnenstrahl zu folgen.
Das Licht schien durch sie hindurchzuschimmern
und dann ihr Bild an vielen Orten gleichzeitig
widerzuspiegeln. Sie war von ziemlich ätherischer
Natur, ihr Äußeres ein schwer fassbares Etwas aus
dynamischen Schattenreflexen und Farbenspielen.
»Kein Wunder, dass so viele Menschen sich mit
dem Heiligen Geist schwertun«, dachte Mack.
»Sie ist offensichtlich nicht sehr berechenbar.«

Heiliger Geist, danke, dass du so
unvorhersagbar bist!
So beunruhigend und gnadenreich.

»Von oben gesehen ist es ein Fraktal ... etwas,
das einfach und geordnet wirkt, aber eigentlich aus
einer wiederkehrenden Folge von Mustern besteht
und nahezu unendlich komplex ist.
Ich liebe Fraktale, und deshalb
verwende ich sie überall.«
– Sarayu

Ich bin umgeben von
deiner komplexen
Vielfalt und Eleganz,
doch viel zu oft bin ich dafür
blind und unempfänglich.
Bitte, heile meine Augen!

8

»Für mich sieht es wie ein ziemliches Durcheinander aus«, stöhnte Mack.

Sarayu blieb stehen und drehte sich mit leuchtenden Augen zu ihm um.
»Mack! Danke! Was für ein wunderschönes Kompliment!« Sie blickte im Garten umher.
»Genau das ist es – ein Durcheinander. Aber«, sie schaute wieder Mack an und lächelte strahlend, »es ist trotzdem auch ein Fraktal.«

Ich bin das Durcheinander! Könnte es sein, dass du hier zu Hause bist, in diesem Durcheinander, in mir?

9 JUNI

»Oh, Mackenzie, wenn du wüsstest! Nicht die
Arbeit an sich, sondern ihr Zweck macht sie zu
etwas Besonderem. Und«, sie lächelte ihn an,
»es ist die einzige Arbeit, der ich mich widme.«

Hilf mir, auch
in kleinen
Alltagsdingen,
im Gewöhnlichen nicht den
höheren Sinn aus den Augen
zu verlieren, der sich mir
offenbart, wenn ich mich
darauf einlasse.

»Willst du damit sagen, dass du ...«

»... dass ich alles erschaffen habe, das existiert, einschließlich der Dinge, die du für schlecht hältst«, beendete Sarayu seinen Satz. »Doch als ich es erschuf, war es vollkommen und gut, denn das ist es, was ich bin.«

Eines Tages musst du mir erklären, wie Stechmücken, Wespen und Zecken da hineinpassen ...

11

»Ihr Menschen schätzt euch selbst so gering.
Ihr seid wirklich blind dafür, welchen Platz
ihr in der Schöpfung einnehmt. Ihr habt euch
für den zerstörerischen Pfad der Unabhängigkeit
entschieden und begreift gar nicht, dass ihr die
gesamte Schöpfung dabei hinter euch herzieht.
Das ist wirklich traurig, aber es wird nicht
für alle Zeit so bleiben.«

Heute bete ich dafür, dass wir einen Weg finden,
inmitten dieses großen Durcheinanders, das
wir anrichten, uns selbst als die unglaublichen
Schöpfungen zu lieben, deren Leben einen Sinn hat als
Teil deiner Größe und Majestät!

»Es gibt Zeiten, wenn die Berührung ungefährlich ist, und Zeiten, wenn Vorsichtsmaßnahmen notwendig sind. Das ist das Wunder und Abenteuer der Welterforschung, ein Teil von etwas, das ihr Wissenschaft nennt – die Entdeckung dessen, was wir für euch versteckt haben, damit ihr es findet.«

Bitte zeige mir, wie ich die Freiheit kennenlernen kann, die Beziehung und Gemeinschaft mir ermöglichen, statt als eine sich für unabhängig haltende Zelle zur Gefahr für mich selbst und andere zu werden.

13 JUNI

»*Warum spielen Kinder so gerne Verstecken? Du kannst jeden Menschen fragen, dem es Freude macht, zu erkunden, zu entdecken und zu erschaffen. Unsere Entscheidung, so viele Wunder vor euch zu verstecken, ist ein Akt der Liebe. Es sind Geschenke von uns, die das Leben für euch bereithält.*«

Danke, danke, danke für diese Geschenke – für das Staunen, Erforschen und Erschaffen, für das »Aha« und die Aufregung jeder neuen Entdeckung, für die unzähligen Schätze, die du überall für uns versteckt hast, und für die Reise, auf der wir sie finden.

14

»*Zur Freiheit gehören Vertrauen und Gehorsam im Rahmen einer auf Liebe beruhenden Beziehung.*«

Ich dachte, Freiheit wäre Unabhängigkeit. Das war ein Irrtum. Ich möchte wirklich frei sein! Ich möchte lernen, zu vertrauen. Ich möchte wissen, dass du mich wirklich liebst.

»Aber warum hast du dann überhaupt giftige Pflanzen erschaffen?«, wollte Mack wissen.

»Deine Frage unterstellt, dass Gift etwas Schlechtes ist und dass solche Schöpfungen keinen Zweck erfüllen. Viele dieser sogenannten ›schlechten‹ Pflanzen besitzen aber, wie diese hier, unglaublich wertvolle medizinische Eigenschaften, oder sie sind notwendig, um in Kombination mit anderen Pflanzenstoffen wahre Wunder zu vollbringen.«

Ich bekenne mich schuldig, deine Schöpfung zu missbrauchen und immer neue Ausreden für diese Ausbeutung zu erfinden. Ich bekenne, dass ich deine Schönheit für mein egoistisches »Wohl« zur Ware herabwürdige. Bitte ändere diese Verhaltensweisen in mir.

»*Menschen sind allzu leicht bereit,
etwas als gut oder böse einzustufen,
obwohl sie es gar nicht genau kennen.*«

*W*egen meiner Unsicherheit war es
mir stets unangenehm, etwas nicht
zu wissen. Also habe ich mich mit
einer Aura von Wissen, Brillanz und Intelligenz
umgeben, um meine Nacktheit zu verhüllen.
Heute sage ich: »Ich weiß es nicht … und ich lerne,
mich damit immer wohler zu fühlen.«

17 JUNI

»Um diesen Boden vorzubereiten, müssen wir die
Wurzeln der wundervollen Pflanzen ausgraben, die hie
gesprossen sind. Das ist harte Arbeit, aber glaube mir,
es lohnt sich. Wenn die Wurzeln nicht mehr da sind,
können sie nicht tun, was natürlicherweise geschehen
würde und wodurch sie die Samen schädigen würden,
die wir hier einpflanzen werden.«

Danke, dass du mich so sehr
respektierst, dass du mich nur
dann heilst, wenn ich selbst
daran mitwirke. »Wir« müssen die
Wurzeln ausgraben.

»Ich erkenne jetzt, dass ich den größten Teil meiner Zeit und Energie darauf verwendet habe, das zu erlangen, was ich für gut hielt, sei es finanzielle Sicherheit oder Gesundheit oder eine ausreichende Altersversorgung oder was auch immer. Und ich vergeude eine riesige Menge Energie und Sorge damit, mich vor dem zu fürchten, was ich für böse halte.«

Wie peinlich wird es sein, auf eine gute Weise, wenn ich im Licht schließlich sehe, wie viel ich in die falschen Dinge investiert habe.

19

*» Andeutungen der glanzvollen Wahrheit
sind oft in dem verborgen, was viele für
Märchen und Legenden halten. «*

*In unseren Kindermärchen verbergen sich
tiefste Sehnsüchte ... Wir alle wünschen uns,
dass das Böse besiegt wird, dass der Königssohn
uns aus unserem dunklen Schlaf weckt und wir
dann glücklich und in Frieden leben.*

»Wenn dir etwas geschieht, wie stellst du dann fest, ob es gut oder böse ist?«

Mack überlegte einen Moment, ehe er antwortete. »Ich würde sagen, etwas ist gut, wenn es mir gefällt – wenn es bewirkt, dass ich mich gut fühle oder geborgen. Und böse würde ich etwas nennen, das mir Schmerzen verursacht oder mich um etwas bringt, das ich gern habe oder mir wünsche. … Das ist also alles ziemlich egoistisch und selbstbezogen, nehme ich an.«

Nur wenn du in mein Herz und meinen Geist einziehst, kann ich meine selbstsüchtige Existenz hinter mir lassen. Du bist meine Hoffnung … auf Veränderung.

21 JUNI

»Dann bist du es, der entscheidet, was gut und was böse is
Du machst dich zum Richter.
Und, was das Ganze noch verwirrender macht:
Das, was du für gut hältst, wird sich mit der Zeit und den
Umständen verändern. Und, was noch schlimmer ist:
Darüber hinaus gibt es Milliarden andere Menschen,
die ebenfalls individuell entscheiden, was für sie gut oder
böse ist.«

*E*s gibt einen Ort, wo das Argumentieren endet, wo unsere Theorien, Ideen und Urteil bedeutungslos werden. Wir werden als das erkannt, was wir sind, und das wird unsere Rettung und Erlösung sein.

22

»Wenn also dein Gut und Böse nicht mit den Vorstellungen deines Nachbarn übereinstimmt, geratet ihr in Streit oder es brechen gar Kriege deswegen aus.«

Unsere Kriege, die Brutalität unserer Welt und die Vorurteile in unseren verfinsterten Herzen ermüden mich so. Heute frage ich mich, warum du dich überhaupt mit uns abgibst, dich um uns sorgst. Dann wird mir bewusst, dass du uns nicht nur zur Seite stehst, sondern sogar eins mit uns geworden bist, damit wir in dir einen anderen Weg finden.

23 JUNI

»Und wenn es keine absolute Realität des Guten gibt, dann habt ihr jede Basis für euer Urteil verloren. Dann ist alles nur eine Frage der Wortwahl, und dann kann man das Wort ›gut‹ leicht mit dem Wort ›böse‹ vertauschen.«

Es klingt lächerlich, wenn ich gestehe, dass ich mich selbst zum Maß aller Dinge gemacht habe, als wäre ich selbst das absolute »Gute«. Das hat nicht besonders gut funktioniert. Von nun an will ich nicht länger urteilen.

»Denke daran, dass diese Geisteshaltung es dir ermöglicht, in deiner Unabhängigkeit Gott zu spielen. Deswegen zieht es ein Teil von dir vor, mich nicht zu sehen. Und um deine Liste von Gut und Böse aufzustellen, brauchst du mich überhaupt nicht. Aber du brauchst mich, wenn du diese verrückte Gier nach Unabhängigkeit überwinden willst.«

In mir keimt der Verdacht, dass unsere Religionen eigentlich dazu dienen, dich auf Distanz zu halten, dich zu kontrollieren, damit wir uns vor dir verbergen können, während sie uns zugleich das Gefühl vermitteln, wahre Gläubige zu sein.

25 JUNI

»Es gibt also einen Weg, sie zu überwinden?«
fragte Mack.

»Nur wenn du nicht länger auf deinem Re[cht]
bestehst, Gut und Böse selbst zu definieren.
Das zu schlucken ist wirklich ein harter
Brocken. Du musst dich entscheiden, ganz
und ausschließlich in mir zu leben. Das
kannst du nur, wenn du mich gut genug
kennst, um mir zu vertrauen und zu lernen,
in meiner grenzenlosen Güte zu ruhen.«

Heiliger Geist, ich
möchte die Ding[e]
von nun an auf
andere Weise sehen. Schen[k]
mir Jesu Augen, Papas He[rz]
und deine Liebe.

»Mackenzie, ›böse‹ ist ein Wort, das wir verwenden, um die Abwesenheit des Guten zu beschreiben, so wie wir das Wort ›Dunkelheit‹ benutzen, um die Abwesenheit des Lichtes zu beschreiben, oder ›Tod‹, um die Abwesenheit des Lebens zu beschreiben. Sowohl das Böse wie auch die Dunkelheit kann man nur in Relation zu dem Licht und dem Guten begreifen. Sie besitzen keine wirkliche Existenz. Ich bin Licht, und ich bin gut. Ich bin Liebe, und in mir gibt es keine Dunkelheit. Das Licht und das Gute existieren wirklich. Wenn du dich also vor mir verschließt, stürzt du dich damit selbst in die Dunkelheit. Wenn du dich für unabhängig erklärst, wird dadurch zwangsläufig Böses entstehen, denn getrennt von mir kannst du dich nur auf dich selbst stützen. Das ist der Tod, denn du hast dich von mir getrennt: dem Leben.«

Bitte tue alles Erforderliche, damit ich dein Leben teilen kann.

»Aber hätte Missy denn nicht ein Recht darauf gehabt, beschützt zu werden?«

»Nein, Mack. Ein Kind wird beschützt, weil es geliebt wird, nicht, weil es ein Recht darauf hat, beschützt zu werden.«

Lehre mich zu lieben, wie du liebst, und immer daran zu denken, dass jeder Mensch einst ein kleines Kind war und von dir geliebt wird, ob er sich dessen bewusst ist oder nicht.

»Die Rechte sind das, worauf die Überlebenden pochen, damit sie sich nicht mit ihren Beziehungen auseinandersetzen müssen.«

Hilf mir, dass ich mich nicht hinter meinen Rechten verstecke, sondern das Wagnis eingehe, mich in den Standpunkt der anderen hineinzuversetzen. Du weißt, dass ich ein Überlebender bin, dass Beziehungen meine größte Wunde sind und ich mich vor ihnen fürchte. Ich bin es viel mehr gewohnt, meine Rechte einzufordern, als anderen mein Herz zu öffnen. Hilf mir, mich zu ändern!

Mack empfand eine immer stärkere Frustration. Lauter, wütender sagte er: »Aber habe ich denn nicht das Recht ...«

»Einen Satz zu beenden, ohne unterbrochen zu werden? Nein, das hast du nicht. Nicht in der Realität. Aber solange du glaubst, dieses Recht zu besitzen, wird es dich wütend machen, wenn jemand dir ins Wort fällt, selbst wenn dieser jemand Gott ist.«

Im Dunkeln habe ich definiert und auseinanderdividiert, bewertet und verurteilt, um der Illusion willen, die Dinge unter Kontrolle zu haben. Und so bin ich wie ein wandelnder Forderungskatalog, statt meine Menschlichkeit zu zeigen.

»Mackenzie, Jesus hat keinerlei Rechte für sich beansprucht. Er schlüpfte bereitwillig in die Rolle des Dieners und lebt völlig aus seiner Beziehung zu Papa. Er hat alles aufgegeben. Und durch dieses Leben in Abhängigkeit öffnete er eine Tür, die es dir ermöglicht, frei genug zu sein, um freiwillig auf deine Rechte zu verzichten.«

Wenn du nicht wirklich existierst, wenn du nicht gut bist, werde ich nicht den Mut aufbringen, auf meine Rechte zu verzichten. Lebe in mir, Jesus, der du das Dienen und die Demut verkörperst.

»Mackenzie, du bist wirklich wundervoll! Danke für deine Mühe!«

»So viel habe ich doch gar nicht getan«, sagte Mack entschuldigend. »Ich meine, schaut euch dieses Durcheinander an.« Er ließ den Blick über den Garten wandern. »Aber er ist wirklich schön und ganz erfüllt von dir, Sarayu. Auch wenn es den Anschein hat, dass hier noch eine Menge Arbeit zu tun ist, fühle ich mich in deinem Garten doch auf seltsame Weise wohl und zu Hause.«

Du kannst die Schönheit sehen,
wo ich nur Verlust sehe.
Heile meine Augen!

»Das solltest du auch, Mackenzie,
denn dieser Garten ist deine Seele.
Dieses Durcheinander bist du!
Wir beide, du und ich, haben hier mit einer klaren
Absicht in deinem Herzen zusammengearbeitet.
Und dein Garten ist wild und schön und
vollkommen in seiner Entwicklung. Dir mag
das alles wie ein Durcheinander vorkommen,
aber ich sehe hier ein perfektes, lebendiges Muster
sich entwickeln, wachsen und gedeihen – ein
lebendiges Fraktal.«

Meine Seele? Hast du womöglich
längst den Weg in den Garten
meiner Seele gefunden?

3 JULI

Die Bedeutung ihrer Worte ließ Macks ganze
Distanziertheit in sich zusammenbrechen. Wieder
schaute er sich Sarayus Garten an – seinen Garten –,
und es war wirklich ein gewaltiges Durcheinander,
aber gleichzeitig auch unglaublich schön und
wundervoll. Und darüber hinaus war Papa hier,
und Sarayu liebte das Durcheinander. Es war
beinahe zu viel des Guten, und wieder einmal
fürchtete er, seine sorgsam unterdrückten Gefühle
könnten ihn überfluten.

Es ist schwierig für mich, dass du mich so durch und
durch kennst und es dir dennoch nicht unangenehm
oder peinlich ist, hier bei mir zu wohnen, in mir.

Jesus verschränkte die Arme. »Dabei wissen
wir beide, dass du sehr gut schwimmen kannst.
Du warst doch sogar mal Rettungsschwimmer.
Natürlich stimmt es, dass der See kalt und tief ist.
Aber ich will ja nicht schwimmen. Ich will mit
dir hinübergehen.«

Mit mir? Eine Abhängigkeitserklärung?
Ich möchte auch hinübergehen …
mit dir!

5

»Komm schon, Mack. Wenn Petrus es konnte …«

Danke für deine Güte und Gnade, die
mich zum nächsten Schritt ermutigen,
wie unmöglich dieser auch scheinen
oder sich anfühlen mag.

»Petrus hatte das gleiche Problem:
Wie steigt man aus dem Boot?«

M anchmal muss ich über dich schmunzeln!
Mein Zuversicht ist groß, aber ich bin
noch nicht sicher, wie ich es schaffen soll,
in dieses Boot zu klettern.

7 JULI

»Du stellst dir etwas vor. Deine Vorstellungskraft
ist ein wirklich machtvolles Werkzeug! Diese Kraft
macht dich uns so ähnlich. Aber ohne Weisheit ist
die Vorstellungskraft ein grausamer Zuchtmeister.«

Die Vorstellungskraft ist eine bittersüße Gabe.
Ich liebe, wohin sie mich führt, aber zugleich
verabscheue ich es auch. Du bist die Quelle
der schöpferischen Imagination, daher lehre mich bitte,
dieses Wunder richtig einzusetzen und zu lenken.

»Hast du dich schon einmal gefragt, ob
die Menschen dazu erschaffen wurden,
in der Gegenwart, in der Vergangenheit
oder in der Zukunft zu leben?«

»Die naheliegende Antwort ist, dass wir
dazu geschaffen sind, in der Gegenwart
zu leben. Ist das falsch?«

»Entspann dich, Mack. Das ist kein Test,
sondern ein Gespräch. Du hast übrigens
vollkommen recht.«

Durch die Religion wurde ich darauf konditioniert,
jede Begegnung mit dir als Test zu betrachten,
als Prüfung, die ich wahrscheinlich nicht bestehen
werde. Ich vergesse immer wieder, dass du Beziehung bist,
nicht Religion.

»Doch verrate mir nun, wo du den größten Teil deiner Zeit verbringst. Richtest du deine Aufmerksamkeit auf die Gegenwart, auf die Vergangenheit oder auf die Zukunft?«

»Ich glaube, ich verbringe ziemlich wenig Zeit in der Gegenwart. Ich halte mich viel in der Vergangenheit auf, aber die übrige Zeit verbringe ich größtenteils damit, mir Gedanken darüber zu machen, was mich in der Zukunft erwartet.«

Die Gegenwart ist real, lebendig und furchteinflößend. Sie fordert meine gesamte Aufmerksamkeit. Nur in der Gegenwart kann ich wirklich bei dir sein.

»Wenn ich bei dir verweile, so geschieht das in der Gegenwart – ich lebe in der Gegenwart. Nicht in der Vergangenheit, obwohl man viel lernen kann, wenn man zurückschaut. Doch das sollten immer nur kurze Besuche sein, keine ausgedehnten Aufenthalte. Und ganz bestimmt lebe ich nicht in der Zukunft, die du dir vorstellst oder ausmalst.«

10

Komme bitte auch dann zu mir, wenn ich mich in meinen Vorstellungen verliere.

11 JULI

»Mack, bist du dir darüber im Klaren, dass ich in deinem Bild von der Zukunft, das fast immer von Ängsten diktiert ist, gar nicht vorkomme, oder wenn, dann nur sehr selten?«

Das ergibt Sinn, da du nur in dem lebst, was real ist. Ich gestehe, dass meine angstbesetzten Vorstellungsbilder für mich manchmal realer sind als du.

»Warum mache ich das so?«

»Es ist ein verzweifelter Versuch, etwas zu
kontrollieren, über das du keine Kontrolle hast.«

Immer will ich alles kontrollieren. Oft versuche ich,
andere Menschen zu kontrollieren und zu manipulieren,
statt mich auf eine echte Beziehung mit ihnen einzulassen.
Oft ist mir Sicherheit wichtiger als Glauben.

13

»Es ist unmöglich für dich, Macht über die Zukunft zu erlangen, weil die Zukunft überhaupt nicht real existiert und auch niemals existieren wird. Du versuchst, Gott zu spielen, indem du dir vorstellst, das von dir gefürchtete Böse könnte Realität werden, und dann Pläne schmiedest, um das, wovor du dich fürchtest, zu verhindern und dich gegen alle Eventualitäten abzusichern.«

Hilf mir, dass ich damit aufhöre, meine Zeit mit Fantasien zu vergeuden, besonders mit Vorstellungen von der Zukunft, die nicht real sind.

»Warum bin ich dann so voller Furcht?«

»Weil du nicht glaubst. Du weißt nicht,
dass wir dich lieben.«

Du hast recht. Ich bin ein Ungläubiger,
was deine Liebe zu mir angeht.
Hilf mir, dass ich glauben lerne.

»Ein Mensch, der in Furcht lebt, findet keine
Freiheit in meiner Liebe. Ich spreche hier nicht
von rationalen Ängsten vor realen Gefahren,
sondern ich meine eingebildete Ängste. …
In dem Maße, in dem du solchen Ängsten
Platz in deinem Leben einräumst, glaubst du
weder, dass ich gut bin, noch weißt du tief in
deinem Herzen, dass ich dich liebe.«

Also werde ich heute, so gut
ich kann, daran glauben,
dass du mich liebst.

»Mein Weg ist noch so weit!«

»Dabei ist es doch nur ein kleiner Schritt«, sagte Jesus lachend.

Das genügte, um für Mack den Anstoß zu geben, und er trat von dem Steg hinunter aufs Wasser.

Hilf mir zu erkennen, was der nächste Schritt auf meinem Weg ist. Schenke mir den Mut, den sicheren Boden des Vertrauten zu verlassen und das unmöglich Scheinende zu versuchen.

Mit Jesus über das Wasser zu gehen schien die natürlichste Sache der Welt zu sein. Mack grinste bis über beide Ohren.

»Weißt du, das ist absolut lächerlich und unmöglich!«, rief er schließlich aus.

»Natürlich«, pflichtete Jesus ihm bei und erwiderte das Grinsen.

So sehr es mich auch erschreckt: Ich habe dieses Gefühl, dass ich für das Unmögliche erschaffen wurde, für das lächerlich Unwahrscheinliche. Das gefällt mir! Sagte ich schon, dass es mir Angst macht?

18

»Du hast wirklich ein großes Werk vollbracht«,
sagte er leise.

»Danke, Mack, und du hast erst so wenig davon
gesehen! Derzeit kann das meiste, was im Universum
existiert, nur von mir selbst genossen und wertgeschätzt
werden, so wie die Bilder, die ein Künstler hinten in
seinem Atelier lagert, aber eines Tages … Und kannst
du dir vorstellen, wie schön diese Szenerie erst wäre,
wenn die Erde nicht mit Krieg überzogen wäre und kein
so harter Überlebenskampf mehr herrschen würde?«

> »Was kein Auge gesehen und kein Ohr gehört hat,
> was keinem Menschen in den Sinn gekommen ist:
> das Große, das Gott denen bereitet hat, die ihn lieben.«
> (1. Korinther 2,9)

19 JULI

»Unsere Erde ist wie ein Kind, das ohne Eltern aufwuchs. Es war niemand da, der es erziehen konnte.« Jesus sprach jetzt mit gepresster, gequält klingender Stimme. »Manche haben versucht, ihr zu helfen, aber von den meisten wurde sie nur missbraucht. Die Menschen, deren Aufgabe es doch eigentlich ist, die Welt liebevoll zu regieren, plündern sie stattdessen rücksichtslos aus und denken nur an ihren momentanen Vorteil und nicht an die Zukunft ihrer Kinder, die diesen Mangel an Liebe erben werden. Also missbrauchen sie die Erde, und wenn sie dann erzittert oder ihren heißen Atem ausstößt, sind sie beleidigt, schimpfen und klagen und geben Gott die Schuld.«

Vergib uns! Wir wissen nicht, was wir tun.

»Gewiss denkst du voller Fürsorge an die Schöpfung«, sagte Mack lächelnd.

»Nun, diese blau-grüne Kugel im schwarzen Weltraum gehört mir«, sagte Jesus mit Nachdruck.

Jesus, alles auf diesem Planeten, tatsächlich sogar alles in diesem Kosmos existiert für und durch dich, wird von dir erhalten. Lehre uns, in deinem Leben und an diesem Ort mit der gebührenden Ehrfurcht und Achtung zu leben.

21

»Warum bringst du die Probleme dann nicht in Ordnung?«, fragte Mack. »Die Probleme hier auf der Erde, meine ich.«

»Weil wir die Erde euch geschenkt haben.«

»Könnt ihr sie denn nicht wieder zurücknehmen?«

»Natürlich könnten wir das, aber dann wäre die Geschichte beendet, bevor sie sich vollenden konnte.«

Danke, dass du deinen Heiligen Geist auf »alles« Fleisch ausgießt, sodass wir gemeinsam lernen können, was es bedeutet, dich zu lieben, uns selbst zu lieben, einander zu lieben und die Schöpfung zu lieben.

»Ist dir schon aufgefallen, dass ihr mich zwar Herr oder König nennt, dass ich euch gegenüber aber nie wirklich als ein solcher aufgetreten bin? Ich zwinge euch niemals meinen Willen auf und lasse euch völlige Entscheidungsfreiheit, selbst wenn eure Handlungen zerstörerisch und leidvoll für euch selbst oder andere sind.«

Wenn ich Herr und König wäre. ... Wäre ich wahrscheinlich der Einzige, der übrig ist. Danke, dass du kein Tyrann bist, auch wenn deine Tyrannei ausschließlich »meinem Wohl« dienen würde.

*»Würde ich euch meinen Willen aufzwingen«,
entgegnete Jesus, »wäre dies das genaue
Gegenteil von Liebe. Aufrichtige Beziehungen
sind durch Hingabe gekennzeichnet. Und das
bedeutet, die Entscheidungen eines geliebten
Menschen sogar dann zu respektieren, wenn sie
nicht hilfreich und gesund sind.«*

D as, was deiner Liebe am nächsten kommt, scheint
mir die Liebe der Eltern zu ihrem Kind zu sein.
Das verstehe ich aber erst, seit ich selbst Kinder habe.

»Darin liegt die Schönheit meiner Beziehung
zu Abba und Sarayu. Wir lieben einander
mit wirklicher Hingabe. So war es immer und
so wird es immer sein.«

E twas in mir ruft, dass dies wahr sein muss.
Denn gäbe es diese hingebungsvolle,
fürsorgliche göttliche Liebe nicht, wer könnte
dann jemanden wie mich lieben?

»Papa liebt mich so hingebungsvoll wie ich ihn und Sarayu mich oder Papa sie. Hingabe hat nichts mit Autorität und Macht zu tun, sondern es geht um Liebe und gegenseitigen Respekt. Und mit der gleichen Hingabe lieben wir auch dich und alle Menschen.«

Der Gott des Universums verneigt sich vor mir und wäscht mir die Füße? Ich bin sprachlos und unendlich tief berührt!

»*Weil wir wollen, dass du dich unserem Kreis der liebevollen Beziehungen anschließt. Ich will keine Sklaven, die meinem Willen gehorchen. Ich wünsche mir Brüder und Schwestern, die das Leben mit mir teilen.*«

Vermutlich ist Religion der Versuch, deine Zuneigung und Anerkennung zu gewinnen. Dabei hast du uns doch längst in das Leben des Vaters, des Sohnes und des Heiligen Geistes eingeschlossen.

27 JULI

»Wenn ich euer Leben bin,
dann ist Hingabe der natürlichste
Ausdruck meines Charakters
und meiner Natur, und es
wird der natürlichste Ausdruck
eurer eigenen Natur innerhalb
eurer Beziehungen sein.«

Und du bist wirklich nicht zornig
auf mich, weil ich erst so geringe
Fortschritte auf diesem Weg
gemacht habe?

28

»Die Welt ist zerbrochen, weil ihr in Eden die Beziehung zu uns aufgegeben habt, um unabhängig zu werden. Die meisten Menschen haben diese Unabhängigkeit dadurch zum Ausdruck gebracht, dass sie durch ihrer Hände Arbeit und im Schweiße ihres Angesichts nach Identität, Selbstwert und Sicherheit strebten. Indem ihr selbst darüber entscheidet, was gut und was böse ist, versucht ihr, euer Schicksal zu kontrollieren. Dieser Wendepunkt in eurem Dasein hat so viel Schmerz und Leid verursacht.«

Dass ich mich für die Unabhängigkeit entschied, ist die Wurzel so vieler Übel in meiner Welt. Lange Zeit wusste ich es nicht besser. Bitte fahre damit fort, mein Herz zu heilen.

»Ja, er ist einfach, aber für euch niemals leicht. Du musst umkehren. Dich wieder mir zuwenden. Kehre einfach zu mir zurück und gib deine Machtspiele und Manipulationsversuche auf.«

Das fällt mir so schwer! So viele Schatten in meinem Herzen und so viele schlechte Gewohnheiten stehen mir im Weg. Je mehr ich mit Jesus an meiner Seite gehe, desto mehr erkenne ich, wie sehr ich mich ändern muss. Danke, dass du in der Lage bist, mit einem krummen Stock eine gerade Linie zu zeichnen.

»Frauen fällt es schwer, zu mir zurückzukehren,
weil sie sich damit schwertun, sich von einem
Mann abzuwenden und nicht länger von ihm
zu fordern, dass er ihre Bedürfnisse erfüllen soll.
Männern fällt die Rückkehr zu mir so schwer,
weil sie ihre Arbeit und ihr Streben nach Macht,
Sicherheit und Wichtigkeit nicht aufgeben wollen.«

Das ist mein tiefstes Sehnen: zurückkehren, nach Hause
kommen. Und doch kämpfe ich dagegen an.
Ich schäme mich und fürchte, das Gleichnis vom
verlorenen Sohn sei ein einmaliges Ereignis gewesen und gelte
nicht für mich. Hilf mir, das Wagnis einzugehen.

31 JULI

»*Mack, begreifst du nicht, wie weit Menschen von einer echten Beziehung entfernt sind, wenn sie Rollen spielen? Wir wollen, dass Mann und Frau gleichberechtigte Partner sind, zwar einzigartig in ihrer geschlechtlichen Verschiedenheit, aber einander perfekt ergänzend und von der Macht Sarayus beseelt, von der alle wahre Macht und Autorität ausgehen.*«

Eine Rolle zu spielen ist sicherer, aber man verliert sich dabei und fühlt dann diesen nagenden Schmerz, dass man ein unauthentisches Leben führt. Ich will das nicht. Ich will mehr!

»Denk daran, dass es mir nicht um Leistung und das Sicheinfügen in von Menschen gemachte Strukturen geht. Mir geht es allein um das Sein. Sowie ihr in der Beziehung zu mir wächst, wird sich in dem, was ihr tut, euer wahres Sein widerspiegeln.«

E s gibt ein wahres Ich, das sich in der Dunkelheit dessen verirrt hat, was ich über mich denke. Jesus, bitte hilf mir, mit dir gemeinsam gegen die Lügen anzugehen, die aus meinen seelischen Wunden entstanden sind.

»Wir erschufen einen Beziehungskreis wie unseren eigenen, aber für die Menschen. Sie, aus ihm, und seither werden alle Männer, mich eingeschlossen, durch sie geboren, und alle Menschen haben ihren Ursprung in Gott, wurden von Gott geboren.«

Ich habe gelernt, Unabhängigkeit als Stärke und Beziehung als Schwäche zu betrachten. Doch alles, was ich über dich herausfinde, lädt mich dazu ein, mich tiefer auf Beziehung und Abhängigkeit einzulassen. Ich sträube mich dagegen, weil ich Angst habe, so ironisch das auch sein mag.

3 AUGUST

»Genau so ist es, Mack.« Jesus grinste.
»Unser Wunsch war es, ein Wesen zu erschaffen,
das ein völlig ebenbürtiges und starkes Gegenstück
hat – Mann und Frau. Aber euer Streben nach
Unabhängigkeit, nach Macht und Erfüllung zerstört
genau jene Beziehung, nach der euer Herz sich sehnt.«

Und die ganze Zeit
dachte ich, die Frau
wäre »schuld«.

»Mack, wie die Liebe ist auch die Hingabe nicht etwas, das du tun kannst, vor allem nicht allein. Losgelöst von meinem Leben in dir kannst du keine wahre Hingabe gegenüber Nan oder deinen Kindern praktizieren, oder überhaupt gegenüber irgendjemandem, auch nicht gegenüber Papa.«

Wieder rede ich mir ein, ich könnte es aus eigener Kraft schaffen, doch so entstehen nur neue Erwartungen, denen ich nicht gerecht werden kann. Jesus, bitte vereine dein Herz und seine Fähigkeit zur Demut mit meinem.

5

»Ernsthaft, mein Leben war nicht als Vorbild gedacht, das ihr nachahmen sollt. Wenn du mir nachfolgen willst, geht es nicht darum, dass du versuchst, ›wie Jesus zu sein‹. Nein, es geht darum, dass du deine Unabhängigkeit aufgibst.«

Bitte hilf mir zu verstehen, dass das Ende meiner Unabhängigkeit nicht heißt, dass ich wieder einmal im Stich gelassen werde, sondern dass es eine Einladung zur Teilnahme an deiner Gemeinschaft ist.

»Ich bin gekommen, um dir das Leben zu schenken, das wahre Leben, mein Leben. Wir werden kommen und unser Leben in dir leben, auf dass du durch unsere Augen siehst, mit unseren Ohren hörst, mit unseren Händen berührst und spürst und auf dass du denkst wie wir.«

Wie oft bin ich schon auf die Nase gefallen beim dem Versuch, »es richtig zu machen«, nur um herauszufinden, dass das »Richtige« eine sich ständig verändernde Schimäre ist. Danke, dass du deine Natur mit mir teilst, sodass ich von innen nach außen leben kann, statt von außen nach innen.

*Verzweifelt wollte er hinaus ins Licht fliehen,
aber dann sagte er sich, dass Jesus ihn gewiss
nicht ohne guten Grund hierhergeschickt hatte.
Also tastete er sich weiter in die Dunkelheit vor.*

*Manchmal vergesse ich, dass
du der Gott der Dunkelheit
genauso wie der Gott des
Lichts bist. Hilf mir, in dunklen Zeiten nicht
mein eigenes Feuer anzuzünden, sondern
die Unsicherheit auszuhalten, damit sie
mich noch tiefer in mein Vertrauen zu dir
hineinführt.*

8

»*Heute ist ein
sehr ernster Tag mit
sehr ernsten Konsequenzen.*«

*Doch dann: Welcher Tag,
welcher Mensch,
welche Beziehung,
welcher Augenblick wäre das nicht?*

»In gewisser Weise lieben in der Tat alle Eltern ihre Kinder«, erwiderte sie, seine zweite Frage ignorierend. »Aber manche Eltern sind seelisch zu gebrochen, um sie gut lieben zu können, und andere sind fast überhaupt nicht in der Lage, ihnen Liebe zu geben.«

Wie die meisten von uns trage ich Wunden aus der Kindheit mit mir herum. Wie ich mit ihnen umgegangen bin, hatte einen großen Einfluss auf mein Leben. Ich weiß, dass ich vergeben und das Gute, das mir geschenkt wurde, ehren muss. Sonst verdamme ich mich dazu, in Schuldgefühlen und Verbitterung steckenzubleiben.

»*Inmitten der Rätsel einer gebrochenen Menschheit ist das eine bemerkenswerte Fähigkeit: zu lernen und Veränderungen zuzulassen.*«

Ich glaube, dass die wahre Herausforderung darin besteht, einen echten Wandel in Herz und Seele des Menschen herbeizuführen. Jemanden von den Toten aufzuwecken ist im Vergleich dazu ein Kinderspiel. Nur du kannst dieses Unmögliche möglich machen.

11 AUGUST

»Darf ich dich nun fragen, Mackenzie, welches deiner Kinder du am meisten liebst?«

Mack lächelte innerlich. Während seine Kinder nach und nach das Licht der Welt erblickten, hatte er immer wieder um eine Antwort auf diese Frage gerungen. »Ich liebe keines von ihnen mehr als die anderen. Ich liebe jedes meiner Kinder anders«, sagte er, seine Worte sorgfältig wählend. ... »Wenn ich an meine Kinder denke, wird mir klar, dass ich jedes Einzelne von ihnen ganz besonders gern habe.«

Danke, dass du mich auf diese Weise siehst – nicht als eine anonyme Nummer, sondern als zerbrechliches, einzigartiges, wunderbares Wesen, das du gemeinsam mit meinen Eltern erschaffen hast.

»Aber was ist, wenn sie sich danebenbenehmen oder wenn sie Entscheidungen treffen, die du für falsch hältst …? Wie wirkt sich das auf die Liebe aus, die du für sie empfindest?«

»Es hat keinen Einfluss auf meine Liebe. … Ich gebe zu, dass sie mich manchmal verlegen oder wütend machen, aber selbst wenn sie sich schlecht benehmen, sind sie immer noch meine Söhne und Töchter … und das werden sie auch immer bleiben. Ihr Benehmen verletzt vielleicht manchmal meinen Stolz, aber es ändert nichts an meiner Liebe für sie.«

Warum fällt es uns so schwer, daran zu glauben, dass unsere Liebe zu unseren eigenen Kindern ein Spiegelbild deiner Art zu lieben ist?

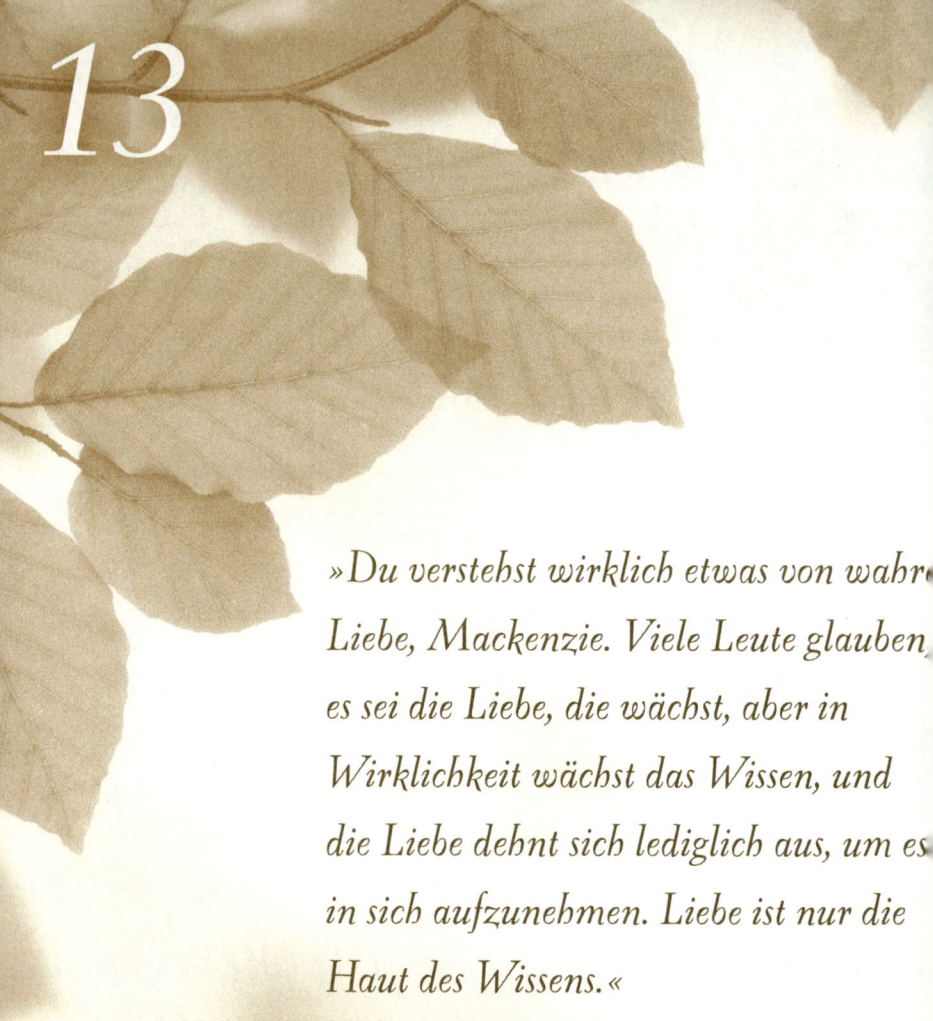

13

»Du verstehst wirklich etwas von wahrer
Liebe, Mackenzie. Viele Leute glauben,
es sei die Liebe, die wächst, aber in
Wirklichkeit wächst das Wissen, und
die Liebe dehnt sich lediglich aus, um es
in sich aufzunehmen. Liebe ist nur die
Haut des Wissens.«

Ich bin anfällig für Selbsttäuschungen. Mich selbst durch
einen anderen Menschen, ein Ding oder eine Vorstellung
zu lieben, ist überhaupt keine Liebe, da »Wissen« diese
Illusion zerstört. Ich möchte erkannt und wirklich geliebt
werden, damit ich erkennen und lieben kann. Du kennst mich.
Du liebst mich.

»Es ist Zeit für Aufrichtigkeit, Zeit für die
Wahrheit. Du glaubst nicht, dass Gott seine
Kinder besonders gut liebt, nicht wahr?
Du glaubst nicht wirklich, dass Gott gut ist.
Stimmt das?«

Wenn mich Dunkelheit umgibt,
erscheint mir der Glaube, dass du
gut und an meiner Seite bist, das
Letzte zu sein, worauf ich mich einlassen möchte.
Ich glaube lieber an die Lüge, dass ich allein im
Dunkeln sicherer bin als bei dir.

»Ich bin nichts als ein Haufen Mist, fürchte ich.«

»Ja, das bist du.« Mack blickte auf, und sie lächelte ihn an. »Ein wunderbarer, destruktiver Haufen Mist, Mackenzie.«

Dein göttliches Urteil über mich lautet, dass ich ein Wrack bin, auf ewig geliebt, aber ein Wrack, und dass es Hoffnung für mich gibt, weil du dich darauf spezialisiert hast, Wracks zu erlösen.

»Was? Ich? Nein, danke. Ich bin als Richter völlig ungeeignet.«

»Oh, das stimmt nicht. Du hast bereits in der kurzen Zeit, die wir zusammen verbracht haben, unter Beweis gestellt, wie gut du dich für diese Aufgabe eignest. Und im Lauf deines Lebens hast du schon viele Urteile über andere gefällt. Du hast über die Handlungen und sogar die Motive vieler Menschen geurteilt, als würdest du die jeweilige Wahrheit ganz genau kennen. … Du siehst also, dass du sehr wohl über viel Praxis als Richter verfügst.«

Wo wir gerade dabei sind: Ich gebe zu, dass ich auch ein erfahrener Geschworener und Henker bin – nicht, dass mir diese Art zu funktionieren gefiele, aber ich weiß nicht, wie ich anders überleben soll. Hilfe!

17 AUGUST

Wenn Mack versuchte, ihrem Blick standzuhalten, gelang es ihm nicht, sich zu konzentrieren. Er musste sich von ihr abwenden und irgendwo in das konturlose Dunkel starren, um halbwegs klare Gedanken fassen zu können.

Wahrer Liebe können wir nur ins Auge schauen, wenn wir völlig aufrichtig sind. Es steht auf Messers Schneide: Entweder ich vertraue, oder ich kehre zu meinen alten Versteckspielen zurück.

»Man kann sich nur dann zum Richter über andere aufschwingen, wenn man sich ihnen überlegen fühlt. Nun, heute wirst du die Gelegenheit erhalten, alle deine diesbezüglichen Fähigkeiten einzusetzen.«

Wie tief diese Ironie geht! In einem Augenblick lebe ich mit einem sehr negativen Selbstbild, nicht liebenswert, minderwertig und so weiter, und im nächsten urteile ich über die Menschen in meiner Umgebung. Warum kann ich mich selbst nur lieben, wenn ich mich anderen überlegen fühle?

19 AUGUST

»Und … worüber soll ich richten?«

»Nicht worüber. Über wen.«

Ich weiß, dass es niemals deine Absicht ist, mich herabzusetzen. Ich vertraue darauf, dass es Teil meiner Befreiung sein wird, nicht länger andere herabzusetzen, indem ich über sie urteile.

Mack wusste zweifelsfrei, dass er sich des Egoismus' schuldig gemacht hatte. Wie konnte ausgerechnet er da über andere richten?

Manchmal speist sich mein Egoismus daraus, dass ich zu gut von mir denke, manchmal daraus, dass ich schlecht von mir denke, und manchmal daraus, dass ich denke, ich wäre alles, was ich habe.

21

»Warum? Es gibt doch in deiner Welt bestimmt eine Menge Menschen, von denen du glaubst, dass sie verurteilt werden sollten. Es muss doch wenigstens ein paar geben, die du für all das Leid verantwortlich machen kannst?«

Ja, die gibt es ... und wahrscheinlich gehöre ich selbst dazu. Wir richten so viel Schaden an, und dann rechtfertigen wir uns. Ich verschließe die Augen vor meinen eigenen Schattenseiten, doch die Fehler anderer sehe ich überdeutlich. Kann man das Heuchelei nennen? Ja, in der Tat.

»*Wie weit sollen wir also zurückgehen, Mackenzie? Dieses Erbe menschlicher Gebrochenheit lässt sich zurückverfolgen bis zu Adam. Was ist mit ihm? Was ist mit Gott? Gott hat das alles angefangen. Ist Gott schuldig?*«

Würde ich es angesichts all des Schadens, den wir uns selbst und anderen zufügen, vorziehen, du hättest uns nicht erschaffen, sodass mein Sohn oder meine Tochter, mein Freund oder Feind niemals existiert hätten? Nein. Also setze ich meine ganze Hoffnung in dich, dass du auch weiterhin einen Weg der Erlösung findest, einen Weg, uns durch deine Gegenwart, Gnade und Vergebung zu heilen.

23 AUGUST

»Ist nicht genau das der Punkt, wo du feststeckst, Mackenzie? Ist das nicht der Motor für die Große Traurigkeit? Dass Gott nicht vertrauenswürdig ist? Gewiss kann ein Vater wie du doch über den Vater urteilen! ... Ist nicht genau das die Anklage, die du vorbringst, Mackenzie? Dass Gott dich im Stich gelassen hat, dass er Missy im Stich gelassen hat?«

Wenn man dir nicht vertrauen kann, wenn du manchmal Böses erschaffst, dann bin ich ohne Hoffnung, ein Planet ohne Sonne, der allein in der eisigen Weite eines sinnlosen Universums rotiert. Aber ich habe bemerkt, dass selbst dann, wenn ich diese Lüge mit meinem Verstand glaube, mein Herz es mir nicht erlaubt, auf eine solche Weise zu leben.

»Ja, Gott ist schuldig!«
Die Anklage hing im Raum,
während in Macks Herz der Hammer
auf den Richtertisch niedersauste.

»Dann«, sagte sie mit einem endgültigen Ton in der
Stimme, »wenn du so leicht über Gott dein Urteil fällen
kannst, kannst du gewiss auch über die Welt richten.«
Wieder sprach sie ohne jede Emotion. »Du musst zwei
deiner Kinder auswählen, die dann die Ewigkeit in
Gottes neuem Himmel und auf seiner neuen Erde
verbringen dürfen. Aber nur zwei. Und du musst von
deinen Kindern drei auswählen, die dann die Ewigkeit
in der Hölle verbringen werden.«

Vergib mir, dass ich dachte, für dich
wäre das alles nur ein kosmisches
Spiel oder Experiment.

»Ich bitte dich lediglich darum, etwas zu tun, von dem du glaubst, dass Gott es auch tut. Er kennt jeden Menschen, der jemals gelebt hat, und er kennt sie alle viel, viel besser und genauer, als du deine Kinder je kennen wirst. Er liebt alle seine Söhne und Töchter so, wie sie sind. Du glaubst, er würde einige von ihnen zu einem Leben in der Hölle und unter ewiger Folter verdammen, getrennt von seiner Gegenwart und Liebe. Stimmt es nicht, dass du das glaubst?«

Ich erinnere mich, dass ich das glauben wollte. Ich hielt mich für besser als andere Leute.

»Ja, so ist es wohl. Aber so habe ich noch nie darüber nachgedacht. Irgendwie habe ich angenommen, dass Gott dies tatsächlich tun könnte. Über die Hölle zu reden hatte immer etwas Abstraktes. Ich habe mir dabei nie vorgestellt, dass tatsächlich jemand, den ich kenne …« Mack zögerte, denn ihm wurde klar, dass das, was er nun sagen musste, sehr hässlich klingen würde, »dass tatsächlich jemand, den ich wirklich gern habe, in die Hölle kommen würde.«

Ich bin zutiefst dankbar, dass Jesus keine abstrakte Ideologie oder Doktrin ist, sondern dein lebendiges, atmendes Wort, dass er aus Liebe und Fürsorge zum Gespräch wurde!

27 AUGUST

»Aber du glaubst, dass es Gott leichtfallen würde, obwohl
du selbst niemanden, den du liebst, dorthin schicken
könntest? Na los, Mackenzie. Wen von deinen fünf
Kindern willst du in die Hölle schicken? … Du bist der
Richter, Mackenzie, und du musst entscheiden.«

»Ich will nicht der Richter sein.«

Ich vermute, dass ich es nicht besser gelernt habe, als
die Welt distanziert von oben herab zu betrachten –
berechnend, rational, intellektuell. Bitte verbinde
meinen Kopf mit meinem Herzen, damit ich ein ganzer
Mensch werden kann. Ich will nicht der Richter sein.

»Ich kann nicht. Ich kann nicht. Ich weigere mich!«

Die Frau stand einfach da und wartete. Schließlich schaute er sie flehend an. »Kann ich an ihrer Stelle gehen? Wenn schon jemand auf ewig in die Hölle muss, dann lasst mich an ihrer Stelle gehen. Ist das möglich? Kann ich es für sie tun? ... Bitte, lass mich anstelle meiner Kinder gehen, bitte, ich würde es gern tun ... Bitte, ich flehe dich an.«

Diese Liebe, die in mir den Wunsch weckt, die Schmerzen meines Kindes selbst auf mich zu nehmen, wenn ich könnte, sogar an seiner Stelle in den Tod zu gehen, diese tiefe Liebe kann ihren Ursprung nur in deiner Art zu lieben haben.

»Mackenzie, Mackenzie«, flüsterte sie.

»Nun klingst du wie Jesus. Du hast ein gutes Urteil gefällt, Mackenzie. Ich bin so stolz auf dich!«

Wenn wir mit deiner Liebe lieben, dieser hingebungsvollen, fürsorglichen Liebe, sind wir bereit, uns selbst zu verdammen, damit einer unserer Brüder oder Schwestern nicht mehr leiden muss. Ich möchte, dass dieses Mysterium deiner Liebe zur Konstante meines Lebens wird.

» Aber ich habe doch gar nicht geurteilt. «

» Oh doch, das hast du. Du hast das Urteil gefällt, dass deine Kinder es wert sind, von dir geliebt zu werden, und du warst bereit, für diese Liebe alles aufzugeben. Das ist die Art, wie Jesus liebt. «

Das ist es! Ich möchte nur auf eine Weise richten: Ich möchte urteilen, dass andere Menschen, diese ganze Schöpfung und sogar ich selbst es wert sind, geliebt zu werden, unter allen Umständen. Vater, Jesus und Heiliger Geist, bitte seid diese Liebe in mir.

31 AUGUST

»Und nun weißt du, was Papa empfindet«, fügte sie
hinzu, »der alle seine Kinder vollkommen liebt.«

Am ehesten bekomme ich ein Gefühl für die
Größe deiner Liebe, wenn ich diese Liebe
für meine Kinder spüre, die so groß ist,
dass ich bereit wäre, für sie zu sterben.

»Doch, ich liebe Papa, wer immer sie ist.
Sie ist erstaunlich, aber sie ist ganz anders
als der Gott, den ich kannte.«

»Vielleicht stimmt das Bild nicht, das du dir
von Gott gemacht hast.«

Die Erkenntnis, dass wir bezüglich deiner
Natur völlig im Irrtum sind, ist zugleich
erschreckend und befreiend. Athanasius
sagte: »Unser aller Gott ist gut, von höchstem
Edelmut. Daher liebt er die menschliche Rasse.«

2

»Hat Gott sie dazu benutzt, mich für das zu
strafen, was ich meinem Vater angetan habe?
Das ist nicht fair. Ich hätte es vielleicht verdient,
aber sie nicht.«

»Ist das deine Vorstellung von Gott, Mackenzie?
Da ist es kein Wunder, dass du in deinem Kummer
ertrinkst. So ist Papa nicht, Mackenzie. …
Gott hat diese Tat nicht begangen oder veranlasst.«

Manchmal dachte ich, du würdest Böses
erschaffen, weil das letztlich einem höheren
Zweck dient. Das ist eine dieser Lügen,
die mich davon abgehalten haben, dir zu vertrauen.
Wieder einmal … habe ich mich geirrt.

3 SEPTEMBER

»[Papa] verhindert eine Menge Dinge nicht, die ihm
großen Kummer bereiten. In eurer Welt läuft vieles
schrecklich falsch. Ihr habt eure Unabhängigkeit
eingefordert, und nun seid ihr wütend auf den,
der sie euch geschenkt hat, weil er euch so sehr liebt.
Gegenwärtig ist nichts so, wie es sein sollte, wie Papa
es sich gewünscht hat und wie es eines Tages sein wird.
Gegenwärtig ist eure Welt in Dunkelheit und Chaos
versunken, und schreckliche Dinge geschehen jenen,
die er besonders lieb hat.«

Du bist ein Wunder! Du respektierst
sogar unsere dunklen Wünsche, und
ohne Zwang zeigst du uns durch deine
Liebe den Weg ins Licht.

»Warum unternimmt er dann nichts dagegen?«

»Das hat er bereits …«

»Du meinst das, was Jesus getan hat?«

»Hast du nicht gesehen, dass auch Papa die Wundmale trägt? … Er wählte den Weg des Kreuzes, bei dem, durch die Liebe motiviert, Gnade über Gerechtigkeit triumphiert.«

Das Kreuz – das schrecklichste und majestätischste Geheimnis des Kosmos. Hingebungsvolle, fürsorgliche Liebe! Ich verstehe nicht.

»Ich verstehe immer noch nicht, warum Missy sterben musste.«

»Das musste sie auch nicht, Mackenzie. Papas Plan sah das nicht vor. Papa hat niemals das Böse benötigt, um seine guten Ziele zu erreichen. Ihr Menschen habt das Böse in eure Welt gebracht, und Papa hat darauf mit Güte geantwortet. Was mit Missy geschah, war das Werk des Bösen, und niemand in eurer Welt ist dagegen immun.«

Danke, dass du uns Liebe, Heilung, Freiheit niemals aufzwingst. Manchmal hätte ich gerne, dass du mich »reparierst«, aber im Herzen weiß ich, dass wahre Liebe nicht so handelt.

»Gib deine Unabhängigkeit auf. Kehre um. Hör damit auf, Gott zu verurteilen, und öffne dich dafür, wie Papa wirklich ist. Dann kannst du dich inmitten deines Schmerzes für Papas Liebe öffnen, statt ihn durch deine egozentrischen Vorstellungen, wie das Universum sein sollte, von dir wegzustoßen. Papa ist in deine Welt gekommen, um bei dir zu sein, und bei Missy.«

Mein Gott, ich gebe auf. Lehre mich, wer du bist.

7 SEPTEMBER

»Ich will kein Richter mehr sein. Ich möchte
Papa wirklich vertrauen.«

»Das ist der Beginn deiner Reise nach Hause.
Ohne Zweifel.«

Und wir mit den verwaisten Herzen schauen von
draußen zu. Der Ruf »nach Hause« ist leise nur,
doch keiner von uns kann ihm dauerhaft widerstehen.

8

»Dieses Leben ist nur ein Vorzimmer zu der größeren Realität, die auf euch wartet. In eurer Welt entfaltet niemand sein volles Potenzial. Sie ist nur eine Vorbereitung auf das, was Papa die ganze Zeit über für euch vorgesehen hatte.«

Ich finde meine Meinungen überhaupt nicht mehr toll. Es erschreckt mich maßlos, dass ihnen jemand zugehört haben könnte. Ich bin erbarmungswürdig und habe doch eine ewige Bestimmung. Bist du sicher, du weißt, was du tust, wenn du jemanden wie mich in deine Liebe einschließt?

»Mackenzie, zu urteilen bedeutet nicht zu zerstören, sondern Dinge in Ordnung zu bringen.«

Bestrafung hat noch nie etwas in Ordnung gebracht. Ich hielt dich für einen strafenden Gott, der die Leute für ihre Sünden büßen lässt. Dann kam Jesus, und ich fand heraus, dass du für den Schaden büßt, den die Menschen anrichten.

Sein ständiger Begleiter, die Große Traurigkeit,
war verschwunden. Es war, als hätte der Sprühregen
des Wasserfalls sie von ihm abgewaschen, als er durch
diesen Vorhang ins Freie getreten war. Ihr Fehlen
fühlte sich seltsam an, beinahe unangenehm. In den
letzten Jahren hatte die Große Traurigkeit definiert,
was für ihn normal war, aber nun hatte sie ihn
unerwartet verlassen. »Normalität ist ein Mythos«,
dachte Mack.

Ich habe es für normal gehalten, dass mein
Schmerz ewig dauern würde.
Der Schmerz gab mir Orientierung und,
so seltsam das klingt, ich habe Angst davor,
ihn zu verlieren.

11 SEPTEMBER

Die Große Traurigkeit würde nicht länger Teil seiner Identität sein. Er wusste nun, dass Missy nicht wollte, dass er weiter um sie trauerte. Im Gegenteil, es hätte ihr Kummer bereitet, wenn er sich weiter in diesen grauen Mantel gehüllt hätte. Er fragte sich, welcher Mensch er nun sein würde, wenn er das alles hinter sich ließ – und von nun an jeden neuen Tag ohne die Schuldgefühle und die Verzweiflung begann, die so lange seinem Leben alle Farbe genommen hatten.

Was soll ich jetzt tun? Wer bin ich ohne diesen Schmerz, der so lange mein Begleiter war?

»Ich liebe Sarayu«, sagte Mack, als er dort stand, staunend über die innere Klarheit, die er empfand.

»Ich auch!«, sagte Jesus mit Nachdruck.

Ich vergesse, dass du innerhalb deines Einsseins jedes Individuum als etwas Besonderes liebst. Ich vergesse, dass meine Fähigkeit, auch auf solche Weise zu lieben, von dir ausgeht. Bitte erinnere mich immer wieder daran.

13

»Dabei ist bei ihr alles normal und auf elegante Weise einfach. Doch weil ihr euch so verirrt habt und so auf eurer Unabhängigkeit beharrt, ist euer Denken furchtbar kompliziert, und dann erscheint euch Sophias Einfachheit ungeheuer tiefgründig.«

Je komplizierter ich bin, desto mehr habe ich mich von der Kindlichkeit entfernt. Kinder wenden sich an dich, ohne zu zögern, während wir Erwachsenen im Schatten verharren und auf eine Einladung warten. Wir glauben an die Lüge, dass wir angeblich keine Kinder mehr sind.

»*Was aber deine Frage angeht, ob das alles real ist:*
Es ist viel realer, als du dir vorstellen kannst.«
Jesus schwieg einen Moment, um Macks volle
Aufmerksamkeit zu wecken.
»*Eine bessere Frage wäre: ›Was ist real?‹*«

Ich habe es meinen fünf Sinnen gestattet, für mich zu
definieren, was »real« ist. Aber wie soll ich Liebe in
ein Reagenzglas füllen, oder Freude, Gnade und Güte,
Lachen und Freundschaft, Würde und Bestimmung?
Bitte zeige mir, wie ich mich entspannen und das Unsichtbare
»real« und zugleich geheimnisvoll sein lassen kann.

Sanft sagte er: »Mack, sie war nie allein.
Ich habe sie nie verlassen. Keine Sekunde haben
wir sie verlassen. Ich könnte sie, oder dich,
so wenig verlassen, wie ich mich selbst verlassen
könnte. ... Sie war zwar erst sechs Jahre alt,
aber Missy und ich sind Freunde. Wir reden
viel miteinander.«

Ich habe die Faust gegen dich erhoben
und dich verflucht, und doch hast du
mich niemals verlassen. Wenn ich vor
dir davonlief, bliebst du bei mir, näher als
mein Atem, und wartetest. Wenn du mich
in meiner Rebellion nicht aufgegeben hast,
wieso fürchte ich dann, du würdest mich in
meiner Bedürftigkeit im Stich lassen?

16

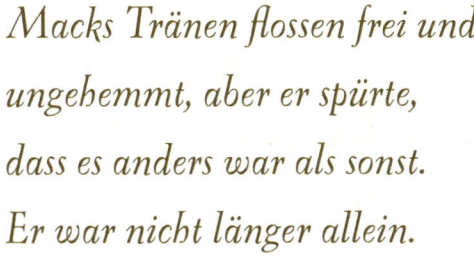

Macks Tränen flossen frei und
ungehemmt, aber er spürte,
dass es anders war als sonst.
Er war nicht länger allein.

Ich danke dir!

Zwar war er ein wenig überrascht, als sein Fuß beim ersten Schritt bis zum Seeboden sank, sodass er bis über die Knöche im Wasser stand, aber es kümmerte ihn nicht. Er krempelte seine Hosenbeine bis über die Knie auf, nur zur Sicherheit, und machte einen weiteren Schritt in das eiskalte Wasser. Diesmal reichte es ihm bis zu den Waden und beim nächsten Schritt bis unter die Knie. Seine Füße sanken noch immer bis zum Seeboden hinab. Er blickte zu Jesus zurück, der mit vor der Brust verschränkten Armen am Ufer stand und ihn beobachtete. Mack drehte sich um und blickte zum anderen Ufer hinüber. Er wusste nicht genau, warum es diesmal nicht funktionierte, aber er war fest entschlossen, nicht aufzugeben.

»Findest du nicht auch, dass es viel besser funktioniert, wenn wir beide es gemeinsam tun?«, fragte Jesus lächelnd.

Du heilst mich nicht, damit ich unabhängig werde, sondern damit ich an deiner Gemeinschaft teilnehme.

18

»Ich muss wirklich noch eine Menge lernen.«
Ihm wurde klar, dass es nicht darauf ankam,
ob er schwimmen musste oder auf dem Wasser
gehen konnte, so herrlich Letzteres sich auch
anfühlte. Es kam darauf an, dass Jesus bei ihm
war. Vielleicht fing Mack endlich an, wirklich
auf Jesus zu vertrauen, auch wenn es sich dabei
noch um erste unsichere Gehversuche seinerseits
handelte.

*Ich fürchte das Rampenlicht nicht, wenn ich weiß,
dass der Scheinwerfer, der auf mich gerichtet ist,
mich besonders gern hat.*

19 SEPTEMBER

»Danke, dass du bei mir bist und mit mir über Missy gesprochen hast. Ich habe darüber noch nie wirklich mit jemandem gesprochen. Es fühlte sich dafür einfach zu gro[ß] und erschreckend an. Doch jetzt hat es nicht mehr diese Macht über mich.«

»Die Dunkelheit verbirgt die wahre Größe von Ängsten und Lügen und Selbstvorwürfen«, sagte Jesus. »Die Wahrheit ist, dass sie mehr Schatten als Realität sind, und darum erscheinen sie euch im Dunkeln größer, als sie in Wahrheit sind. Wenn du das Licht jene Orte in dir erhellen lässt, wo diese Ängste und Unwahrheiten wohnen, erkennst du ihre wahre Natur.«

Ich weiß, dass mein Schweigen nur die Dunkelheit verstärkt, in der Lügen und Ängste wachsen. Ich möchte ein Mensch im Licht sein.

»Was soll ich also jetzt tun?«

»Das, was du bereits tust,
Mack – lerne, so zu leben,
dass du dich geliebt fühlst.«

D arf ich glauben, dass es wirklich so
einfach ist? So zu leben, dass ich mich
geliebt fühle, frei von Hintergedanken?
Ich werde nun still sein und auf deine Antwort
lauschen.

21

»Wir wünschen uns von euch, dass ihr zu uns zurückfindet, und dann werden wir kommen und in euch wohnen, und dann können wir unsere Liebe miteinander teilen. Diese Freundschaft ist keine bloße Einbildung, sondern sehr real. Wir sind dafür bestimmt, dieses Leben, dein Leben, gemeinsam zu erfahren, im Dialog, und diese Reise gemeinsam zu unternehmen.«

Jesus, du hast alle Welten überquert und uns gefunden. Nun lädst du uns dazu ein, in aufrichtiger Beziehung mit dir zu leben, und versprichst, dass dieses Leben, das du mit deinem Vater und dem Heiligen Geist teilst, in uns und durch uns zum Ausdruck kommen wird.

Verblüfft sah Mack zu, wie Jesus sich hierhin und dorthin beugte und versuchte, den Fisch zu fangen, aber es gelang ihm nicht. Schließlich gab er auf. Aufgeregt wie ein Kind sagte er: »Ist das nicht herrlich? Ich werde sie wahrscheinlich niemals fangen.«

»Warum befiehlst du ihr nicht einfach … in deinen Köder zu beißen?«

»Das würde wenig Spaß machen, stimmt's?«

Manchmal ist es schwer zu glauben, dass der Herr, der alles erschuf, voll und ganz Mensch geworden ist und »Spaß« ihm genauso viel bedeutet wie mir.

Mack wusste nicht, ob er lachen oder weinen sollte. Ihm wurde bewusst, wie sehr er diesen Mann inzwischen liebte, diesen Menschen, der auch Gott war.

Jesus, es war immer etwas an dir, das mich magisch anzog und mich veranlasst hat – darf ich es gestehen? – dich zu lieben. Ich liebe dich! Jawohl! Ich liebe dich!

»Ist dir nicht aufgefallen, dass du in deinem
Schmerz das Schlimmste von mir angenommen
hast? Ich spreche schon seit langer Zeit zu dir,
aber heute hast du mich zum ersten Mal wirklich
gehört. Aber auch davor waren meine Worte an
dich nicht vergeudet, denn sie haben dich auf diesen
Tag vorbereitet. Man muss sich die Zeit nehmen,
den Boden gut vorzubereiten, wenn die Saat in
ihm aufgehen soll.«

Danke, dass du mich nicht aus der Ferne
mit Missbilligung betrachtest, sondern bei
mir bist, unmittelbar Anteil an meiner
Entwicklung nimmst.

»Ich verstehe nicht, warum wir uns so gegen diese Saat, gegen dich, sträuben. Das kommt mir jetzt schrecklich dumm vor.«

»Aber es ist notwendig für das richtige Timing der Gnade. Wenn es im Universum nur einen einzigen Menschen gäbe, wäre das Timing ziemlich einfach. Aber sobald es zwei oder mehr sind – na, du kennst die Geschichte! Jede eurer Entscheidungen schlägt Wellen durch die Zeit und eure Beziehungen und kollidiert mit den Entscheidungen anderer. Und aus dem, was wie ein schreckliches Durcheinander aussieht, webt Papa einen großartigen, wunderbaren Teppich. Nur Papa kann das alles entwirren, und das tut sie voller Gnade.«

Heute verneige ich mich vor deiner Weisheit, Großzügigkeit und gütiger Gnade. Du bist der Große Weber. Bitte nimm meine Farben, füge sie deinen hinzu und mache etwas Großartiges daraus.

»Dann bleibt mir also nur, Papa zu folgen«, folgerte Mack.

»Genau, das ist es! Jetzt begreifst du, was es heißt, wahrhaft menschlich zu sein.«

Du hattest also keinen Plan für mich, den ich total vermasselt habe? Du hast nicht von mir erwartet, dass ich viel weiter sein müsste, als ich es heute bin? Du bist nicht wütend auf mich, nicht enttäuscht?

27 SEPTEMBER

»Mack, unsere letzte Bestimmung ist nicht diese
Vorstellung vom Himmel, die in euren Köpfen
herumgeistert – du weißt schon, dieses Bild von
perlenbesetzten Toren und Straßen aus Gold.
Es ist eine neue Reinigung dieses Universums,
und danach wird es darin tatsächlich ganz
ähnlich aussehen wie hier.«

Meine Angst vor dem Tod rührt zum Teil daher,
dass ich diese Heimat, die ich liebe, verlassen muss,
die so voller üppiger Fülle ist, nur um dann
in Ewigkeit an einem sterilen Ort zu leben, der in seiner
juwelengeschmückten Perfektion zum Gähnen langweilt.
Dass dieses lebendige, tanzende Universum Teil meiner
Bestimmung ist, erfüllt mich mit Hoffnung.

»*Es ist ein Bild meiner Braut, der Kirche: Individuen, die gemeinsam eine spirituelle Stadt bilden, durch deren Mitte ein lebendiger Fluss fließt, und an beiden Ufern wachsen Bäume, durch deren Früchte der Schmerz und die Sorgen der Nationen geheilt werden können. Und diese Stadt steht allen offen, und jedes Tor besteht aus einer einzigen großen Perle ...*«

Ich will Mitglied einer lebendigen Kirche sein, die wie ein sprudelnder Fluss ist und die Schmerzen und Sorgen der Nationen heilt. Die meisten von uns sind verwundet und zutiefst traurig.

»Ich bin diese Perle!« Jesus sah Macks
fragenden Gesichtsausdruck und fuhr fort:
»Perlen, Mack. Der einzige Edelstein, der
durch Schmerz, Leiden und – schließlich –
den Tod entsteht.«

Jesus, du bist das Tor, das immer für uns offensteht.
Danke, dass du unsere Wut erträgst, unsere
Verachtung, unsere Brutalität und das kostbare
Fundament bist, auf dem wir unser Leben aufbauen
können.

»Ich verstehe. Du bist der Weg hinein,
aber … du sprichst von der Kirche
als der Frau, die du liebst. Ich bin mir
sicher, dass ich dieser Frau noch nie
begegnet bin. Jedenfalls ist sie nicht
jener Ort, wo ich sonntags hingehe.«

Viele von uns sind zynisch und traurig. Wir haben das
religiöse System und den kirchlichen Kommerz für wahr
gehalten, doch statt Papa Gott zu suchen, fällt es uns leichter,
uns über seinen kirchlichen Imitator zu ärgern. Heile unsere Augen,
damit wir Ihn/Sie finden, sei es in einem religiösen System versteckt
oder wild und frei.

»Mack, es geht um deine Beziehungen zu uns und deinen Mitmenschen, darum, einfach das Leben miteinander zu teilen. Das, was wir beide hier gerade tun – offen sein und Anteil nehmen am Leben der Menschen in unserer Umgebung. In meiner Kirche geht es um die Menschen, und Leben ist Beziehung. Ihr selbst könnt diese Kirche nicht aufbauen. Das ist meine Aufgabe, und ich bin darin ziemlich gut.«

Ich weiß, dass Verletzlichkeit und authentisches Verhalten für eine Gemeinschaft unerlässlich sind. Dafür bist du mein Vorbild. Möge es mir gelingen, in dieser Hinsicht Vorbild für andere zu sein.

*Für Mack waren diese Worte wie
ein frischer Wind! Einfach. Keine
erschöpfende Arbeit, keine lange Liste von
Aufgaben, kein Herumsitzen in endlosen
Gemeindeversammlungen, wo er auf die
Hinterköpfe von Menschen starrte, die er
gar nicht wirklich kannte. Einfach das Leben
miteinander teilen.*

George MacDonald sagte: »Welches Kind … würde
denn eine Predigt einem bunten Drachen vorziehen …
den es mit Gott als Spielkameraden im blauen Wind
und Sonnenglanz steigen lässt? … Dem Drachen, dem Wind und
der Sonne entsagen und sein Leben für seine Brüder hingeben –
das ja, aber sicher nicht, damit ihnen Zutritt zu einer ewigen
Gebetsversammlung gewährt wird.«

3 OKTOBER

War das alles nicht zu einfach? Oder waren es nur die Menschen, die das Einfache kompliziert machten, weil sie in ihrem falschen Streben nach Unabhängigkeit so weit vom Weg abgekommen waren? Also überlegte er es sich wohl besser zweimal, bevor er neue Unordnung in die Einsicht brachte, die sich bei ihm nun endlich einstellte. In diesem Moment seine ziemlich wirren Fragen zu stellen, fühlte sich an, als wollte er einen Dreckklumpen in einen kleinen Teich mit klarem Wasser werfen.

Hilf mir, erst einmal in diesem Augenblick einfacher Erkenntnis zu verweilen, statt gleich wieder nach etwas Anderem zu suchen.

4

»Mack, du musst nicht alles verstehen. Sei einfach an meiner Seite.«

Immer wollte ich alles mit dem Verstand erklären und meine Umwelt intellektuell kontrollieren. Einfach mit dir zu »sein«, auf die Beziehung zu vertrauen, die das Zentrum aller Dinge ist, erfüllt mich mit einer verstörenden Hoffnung.

5

»Die religiöse Maschinerie mag gut gemeint sein, aber sie kann dennoch Menschen verschlingen!«, sagte Jesus grimmig. »In meinem Namen sind schrecklich viele Dinge getan worden, die nichts mit mir zu tun haben und oft, wenn auch zum Teil ungewollt, meinen Absichten zuwiderlaufen.«

Und dennoch liebst du die Religiösen … du liebst mich. Die Religiösen, die so viel Schaden anrichten, sind meine Leute, es ist unsere Kirche. In dir liegt Hoffnung für uns alle.

»Ich erschaffe keine Institutionen – das habe
ich nie getan und werde es auch nie tun«,
entgegnete Jesus. … »Die Ehe ist keine
Institution. Sie ist eine Beziehung.«

Was für ein Geschenk! Wenn wir es
annehmen, gibt es nichts Besseres
als die Ehe, um unseren Egoismus
aufzulösen und das kostbarste Gold zum
Vorschein zu bringen, das in unseren Seelen
verborgen liegt.

»*Die Leute fürchten sich vor Unsicherheit,
vor der Zukunft. Diese Institutionen, diese
Strukturen und Ideologien sind allesamt
vergebliche Anstrengungen, ein Gefühl der
Sicherheit zu erzeugen, wo es in Wahrheit
keine Sicherheit gibt. Das ist alles falsch!
Systeme können keine Sicherheit schaffen,
nur ich kann das.*«

*Mir scheint, wir vertrauen den von
uns geschaffenen Institutionen
mehr als dir. Vielleicht glauben
wir, sie wären für uns leichter beherrschbar.
Dann finden wir heraus, dass Beherrschbarkeit
eine Illusion ist und dass nun das, was wir
erschaffen haben, uns beherrscht.
Danke, dass du uns nicht unseren eigenen
unfreundlichen Institutionen überlässt!*

»Ich habe kein Programm, das ich durchsetzen will, Mack. Ganz im Gegenteil. Ich bin gekommen, damit ihr das volle Leben haben sollt. Mein Leben. Die Einfachheit und Reinheit einer wirklichen Freundschaft.«

Ich habe mein Leben mit dem Versuch zugebracht, Frieden, Hoffnung und Freude aus eigener Kraft zu erzeugen, und dann habe ich so getan, als wäre ich erfolgreich. Jesus, du bist gelebte Liebe, die völlig frei von Hintergedanken ist. Danke, dass wir dein Leben mit dir teilen dürfen.

»Wenn du das ohne mich zu leben versuchst, ohne unseren ständigen Dialog auf der gemeinsamen Reise, wäre das, als würdest du allein versuchen, auf dem Wasser zu gehen. Das kannst du nicht! Und wenn du es trotzdem versuchst, so gut deine Absichten auch sein mögen, wirst du versinken.«

Danke, dass du mich so sehr achtest, dass du es mich trotzdem versuchen lässt. Danke, dass du mich versinken lässt, mich ans Ende meiner persönlichen Ressourcen gelangen lässt, damit ich meinen Blick aufwärts und weg von mir selbst richte. Und danke, dass du geduldig wartest, bis ich mit meiner Torheit scheitere.

»Hast du jemals versucht, einen Ertrinkenden zu retten? … Es ist äußerst schwierig, jemanden zu retten, der dir nicht vertraut. … Und mehr verlange ich ja gar nicht von dir. Wenn du zu versinken drohst, erlaube mir, dich zu retten.«

Endlich muss ich zugeben, dass ich versinke! Ich habe alles versucht, was in meiner Macht steht. Bitte übernimm du und rette mich! Was? Du willst mich nicht zu meinen Bedingungen retten? Du willst, dass ich dir wirklich vertraue und es nicht bloß behaupte?

11 OKTOBER

Das schien eine einfach zu erfüllende Bitte zu sein, aber Mack war daran gewöhnt, selbst als Lebensretter zu arbeiten und nicht in der Position des Ertrinkenden zu sein. »Jesus, ich bin mir nicht sicher, ob ich weiß, wie ...«

»Lass es dir von mir zeigen. Gib mir einfach das kleine bisschen Vertrauen, das du hast, und dann sorgen wir gemeinsam dafür, dass es wächst.«

Selbst dieses kleine bisschen Vertrauen scheint mir unauffindbar. Bitte suche du in meiner Seele und finde es. Ich möchte, dass dieses winzige Pflänzchen wächst.

»Jetzt, wo ich hier mit dir sitze, scheint das nicht schwer.
Wenn ich aber an meinen normalen Alltag
zu Hause denke, bezweifle ich, dass es dort auch so einfach
sein könnte. Ich versuche genauso verzweifelt wie die
anderen, mein Leben unter Kontrolle zu halten.«

Ich nehme an, ich soll lernen, dass die Gnade auch
für mich da ist, und zwar in der Weltlichkeit meines
Alltags. Dein Charakter ist meine Garantie dafür.

13

»Ich weiß nicht, wie ich es ändern soll.«

»Das erwartet ja auch niemand von dir«, sagte Jesus mitfühlend. »Es ist Sarayus Aufgabe, und sie weiß, wie es gemacht wird, ohne Menschen Gewalt anzutun. Das Ganze ist ein Prozess, kein Ereignis.«

Du weißt, dass ich nicht gerade ein Fan allmählicher Prozesse bin. Viel lieber würde ich eine rasch wirkende Pille schlucken oder eine seelische Schnellreinigung vornehmen lassen. Aber ich weiß auch, dass echte, dauerhafte Veränderung ihre Zeit braucht, und ich höre, wie du mir zuflüsterst, ich sei es wert, dass du mir deine Zeit widmest.

»Alles, was ich von dir will, ist, dass du mir so weit vertraust, wie es dir möglich ist, und dass du danach strebst, die Menschen in deiner Umgebung immer mehr zu lieben, und zwar auf die gleiche Weise, wie ich dich liebe. Es ist nicht deine Aufgabe, die anderen Leute zu verändern oder zu überzeugen. Du bist frei, bedingungslos zu lieben, ohne Erwartungen und Ziele.«

Ich bekenne, dass ich versuche, andere Menschen zu ändern, weil ich glaube, ich könnte das besser als du. Ich will einfach nicht so lange warten. Allerdings muss ich zugeben, dass meine Erfolgsquote nicht gerade hoch ist. Es ist frustrierend. Die Leute sind so unkooperativ.

»*Institutionen, Systeme, Ideologien und all die vergeblichen, fruchtlosen Versuche der Menschheit, die mit ihnen einhergehen, sind allgegenwärtig. Selbst wenn du es wolltest, könntest du dich dem nicht entziehen. Aber ich kann dir die Freiheit schenken, jedes Machtsystem zu überwinden, sei es religiöser, ökonomischer, sozialer oder politischer Natur. Durch mich erlangst du die Freiheit, dich ungehindert zwischen all diesen Systemen zu bewegen. Vereint können wir beide in dieser Welt sein und doch nicht von dieser Welt.*«

Wenn alles gesagt und getan ist, dann möchte ich ... frei sein!

»*Aber viele Menschen, die ich kenne, haben sich
ganz dieser Welt verschrieben!*«

»*Mack, ich liebe sie. Und du beurteilst einige von
ihnen ganz falsch. Wir müssen Wege finden, wie wir
jene, die ganz von dieser Welt sind, trotzdem lieben
und ihnen beistehen können, findest du nicht auch?
Denk daran, dass die Menschen, die mich wirklich
kennen, frei sind, ohne Programme und Politik zu
leben und zu lieben.*«

*Jesus, du hast mir einst gesagt, dass dein Vater
niemanden richtet (Johannes 5,22). Befreist
du mich bitte, damit ich auch so sein kann?*

»Bedeutet das«, fragte Mack, »dass alle Wege zu dir führen?«

»Keineswegs.« Jesus lächelte. »Die meisten Wege führen nirgendwohin. Es bedeutet, dass ich dir auf jedem Weg folge, den du beschreitest, sodass wir einander jederzeit finden können.«

Es ging dir also niemals darum, welchen Weg ich einschlug, sondern um mich. Du hast die neunundneunzig anderen Schafe allein gelassen, um das eine zu finden … mich zu finden.

Papa hatte es sich in einem alten
Adirondack-Stuhl bequem gemacht
und döste mit geschlossenen Augen
in der Sonne.

»Was ist denn das? Gott hat Zeit
für ein Nickerchen? Hast du heute
Nachmittag nichts Besseres zu tun?«

»Mack, du hast ja keine Ahnung,
womit ich gerade beschäftigt bin.«

Ich finde es ungeheuer aufregend, dass deine Fähigkeiten
mein Vorstellungsvermögen übersteigen, dass du niemals
etwas aus nur einem Grund tust, dass deine Absichten
vielfältig und gnadenreich sind, dass du nicht beherrschbar bist
und dich in unsere Angelegenheiten einmischst. Ich verneige
mich vor dir. Du erfüllst mich mit Ehrfurcht!

19 OKTOBER

»Ich bin ziemlich hart mit dir ins Gericht gegangen. …
Ich hatte ja keine Ahnung, dass ich Richter über dich sein
sollte. Das klingt so schrecklich arrogant. …
Das tut mir leid. Ich hatte wirklich keine Ahnung …«
Mack schüttelte traurig den Kopf.

»Aber das ist jetzt Teil der Vergangenheit, wo es auch
hingehört. Ich will nicht, dass du dir deswegen Sorgen
machst, Mack. Alles, was ich will, ist, dass wir gemeinsam
vorwärts gehen, ohne uns damit zu belasten.«

Papa, befreie mich davon, zu richten und zu urteilen.
Aber bitte nur schrittweise, denn ich bin mir nicht
sicher, wie viel dann von mir übrig bleibt.

»Sie hat diese Geschichte [die Legende von der Multnomah-Prinzessin] immer so geliebt.«

»Natürlich hat sie das. Das hat ihr geholfen, zu begreifen, was Jesus für sie und die ganze Menschheit getan hat. Geschichten darüber, dass ein Mensch bereit ist, sein Leben für andere zu geben, sind in eurer Welt wie ein goldener Faden, der euch sowohl eure eigenen Bedürfnisse wie auch mein Herz offenbart.«

Mögen meine Augen offen dafür sein, dich überall zu sehen, selbst in unseren Fabeln und Mythen, in unserer Poesie und unseren Märchen, in Lyrik und Fantasie – dieser goldene Faden deiner Gegenwart und Geschichte.

21

»Dass ich in der Lage bin, sogar aus entsetzlichen
Tragödien noch unglaublich viel Gutes entstehen zu lassen,
bedeutet nicht, dass ich die Tragödien orchestriere.
Wenn ich sie für meine Zwecke nutze, heißt das auf keinen
Fall, dass ich die Tragödien erschaffe oder sie benötige,
um meine Absichten zu verfolgen. Wenn du das denkst,
hast du ein völlig falsches Bild von mir. Für die Gnade
ist es nicht erforderlich, dass Leid existiert, aber dort,
wo Leiden ist, wirst du immer auch die Gnade finden,
in vielen Facetten und Farben.«

Vergib mir, dass ich je dachte, der Zweck
könnte die Mittel heiligen, dass die Vielen
mehr wert sind als ein Einzelner, dass du
ein Wolf im Schafspelz bist.

»Ich habe deine Rolle in meinem Leben
völlig missverstanden.«

»Nicht völlig, Mack. Wir hatten auch
einige wunderbare Momente zusammen.
Sieh das alles also nicht zu negativ.«

Immer, wenn ich zugab, dass ich dein Leben
und deinen Charakter missverstanden habe,
hast du zu mir gesprochen.

23 OKTOBER

»Aber ich mochte Jesus immer mehr als dich. Er schien so gnadenvoll, während du mir so ...«

»Gemein vorkamst? Du hast mich gemein gefunden, stimmt's? Traurig, nicht wahr? Dabei ist Jesus zu euch gekommen, um den Menschen zu zeigen, wie ich wirklich bin, aber die meisten Leute schreiben diese Eigenschaften nu ihm zu. Meistens spielen sie ihn und mich gegeneinander aus, wobei Jesus der Gute ist und ich der grausame, strenge Vater. Besonders die religiösen Leute machen das so. Wenn sie ihre Schäfchen dazu bringen wollen, sich so zu verhalten wie sie es gern hätten, brauchen sie einen strengen Gott. Wenn sie Vergebung suchen, laufen sie zu Jesus.«

Vergib mir, Jesus, dass ich die Lügen über deinen Vater glau und weitererzählt habe.

»Aber warum ich? Ich meine, warum Mackenzie Allen Phillips? Warum liebst du jemanden, der ein solcher Versager ist? Nach allem, was ich über dich gedacht habe, und all meinen Anschuldigungen gegen dich – warum machst du dir da überhaupt noch die Mühe, zu mir durchzudringen?«

»Weil die Liebe genau diese Dinge tut«, antwortete Papa.

Allmählich begreife ich, dass ihr, Jesus, Papa, Heiliger Geist, einander seit Anbeginn der Zeit liebt, und ich beginne zu glauben, dass ihr zu uns Menschen aus dieser Art der Gemeinschaft heraus in Beziehung tretet. Das verändert alles.

»Ich frage mich nicht, was du tun oder welche Entscheidungen du treffen wirst. Das weiß ich bereits. ... Wenn du mich also beim ersten Mal nicht hörst, bin ich deswegen nicht frustriert oder enttäuscht, sondern finde das Ganze äußerst aufregend. Denn es sind ja nur noch sechsundvierzig Male, bis du so weit bist.«

Allzu leicht vergesse ich, dass du mich voll und ganz kennst, dass ich dich niemals überraschen oder etwas vor dir verbergen kann. Ich vergesse, dass dieses umfassende Erkennen die Grundlage deiner Beziehung zu mir ist, und das spendet mir Trost und Hoffnung.

»Es geht nicht darum, sich schuldig zu fühlen. Schuldgefühle werden dir niemals helfen, deine Freiheit in mir zu finden. Bestenfalls veranlassen sie dich, äußerlich irgendwelche ethischen Normen zu befolgen. Mir geht es nicht um Äußerlichkeiten, sondern um dein Inneres.«

Es gibt in meinem Leben viel, das ich bedaure und weswegen ich mir Vorwürfe mache. Ich habe das deutliche Gefühl, ein Versager zu sein, eine Enttäuschung. Meine Scham bewirkt, dass ich mich unterwürfig verhalte oder durch Leistung nach Anerkennung strebe. Ich sollte diese Verhaltensweisen ablegen, weiß aber nicht wie. Ich will nicht länger auf solche Weise leben. Heile mich, damit ich in der Lage bin, von innen nach außen zu leben.

27 OKTOBER

»Mich hinter Lügen verstecken – ich glaube, das habe ich auf die eine oder andere Art fast mein ganzes Leben lang getan.«

»Mein Liebling, du bist ein Überlebender. Dafür brauchst du dich nicht zu schämen. Dein Vater hat dir sehr wehgetan. Das Leben hat dir wehgetan. Überlebende lügen häufig, weil sie sich schützen wollen. Das gibt dir ein Gefühl der Sicherheit, einen Ort, wo du dich ganz auf dich selbst verlassen kannst und dich nicht von anderen abhängig fühlst. Aber es ist ein dunkler Ort, stimmt's?«

Das ist wahr! Ich bin ein Überlebender, ein Versteckspieler, ein Lügner. Ich verbiege und verheimliche meine Wahrheit. Mein »Ja« ist kein wirkliches »Ja«, und mein »Nein« ist selten ein einfaches »Nein«. Hilfe!

»*Nimm das Wagnis der Ehrlichkeit auf dich. Wenn du es wieder vermasselst, bitte erneut um Vergebung. Es ist ein Prozess, Liebling, und es bringt nichts, das wahre Leben hinter Lügen zu verstecken. Zwar bin ich größer als alle deine Lügen, und ich kann jenseits von ihnen meine Werke tun. Aber das rechtfertigt diese Lügen nicht und kann den Schaden nicht aufwiegen, den sie anrichten, und den Schmerz, den du anderen damit zufügst.*«

Könnte ich mich nicht einfach entschuldigen? Wenn ich mich entschuldige, behalte ich Macht und Kontrolle, und es ist viel einfacher, als um Vergebung zu bitten.

29

»*Der Glaube wächst
nicht im Haus der
Sicherheit.*«

*apa, ich will nicht eines Tages als alter Mensch
auf mein Leben zurückblicken und mich fragen:
»Wie wäre es gewesen, wenn ich das Wagnis
des Glaubens auf mich genommen hätte, mein
Kontrollbedürfnis und meine Gewissheit hinter mir
gelassen hätte? Wie wäre es gewesen, tatsächlich zu
vertrauen?« Dieser Mensch will ich nicht sein.*

» *Mein Leben in dir wird bewirken, dass die Wagnisse und Unsicherheiten, auf die du dich aus freien Stücken einlässt, dich zu einem wahrhaftigen, ehrlichen Menschen machen werden. Und das ist ein größeres Wunder als die Wiedererweckung der Toten.* «

O *ffen, authentisch, aufrichtig zu sein, einfach jemand, der die Wahrheit sagt – das wäre die Erfüllung eines Traumes. Ich möchte, dass du weißt: Ich bin offen für das Wunder … und das ist die Wahrheit.*

*»Vergib mir, bitte«, bat Mack
schließlich.*

*»Das habe ich schon längst getan.
Wenn du mir nicht glaubst,
frag Jesus. Er war dort.«*

Du, der Unschuldige, bist gestorben für die Schuldigen. Das ist eine seltsame Gerechtigkeit. Du hast einen hohen Preis dafür bezahlt, einen Weg in meine tiefe Dunkelheit zu finden und mich ins Licht zu rufen. Selbst wenn ich mich weigere, nimmst du mich trotzdem an und schließt mich in deine Arme. Aber ich weiß: Solange ich mich an die Dunkelheit kette, werde ich die heilsame Freude vollständiger Vergebung nicht erfahren können.

»Wenn es um den Schatz ihrer eingebildeten Unabhängigkeit geht, sind die Menschen ziemlich sturköpfig. … Sie gründen ihre Identität und ihren Selbstwert auf dieses Gefühl der Gebrochenheit. Kein Wunder, dass die Gnade so wenig attraktiv für sie ist. Auf diese Weise hast auch du versucht, die Tür deines Herzens zu verschließen.«

Ich habe immer gesagt, dass ich heil und ganz sein möchte, aber dann widersetzte ich mich der Einladung, die nötigen Schritte zur Heilung zu unternehmen. Es schien leichter, mir einzureden, dass ich nicht zähle und völlig unbedeutend bin. Aber du sagst mir immer wieder, dass dem nicht so ist.

»*Aber es ist mir nicht gelungen.*«

»*Weil meine Liebe viel größer ist als deine Dummheit*«, *sagte Papa augenzwinkernd.* »*Ich habe deine Entscheidungen geschickt benutzt, sodass sie perfekt für meine Zwecke arbeiteten.*«

Ich bin auf den Mythos hereingefallen, ich könnte dich durch religiöse Worte und Magie manipulieren, weil ich auf irgendeine Weise mächtiger und schlauer wäre als du, und ich könnte Dinge tun, die bewirken, dass du mich nicht mehr liebst.

3 NOVEMBER

»Wahre Liebe übt niemals Zwang aus.«

Danke!

4

»Wenn es doch nur so einfach wäre, Mackenzie. Niemand weiß, vor welchen Schrecken ich die Welt bewahrt habe, weil die Menschen nicht sehen können, was niemals geschehen ist.«

Ich bin geübt darin, dir an allem die Schuld zu geben, was »schiefläuft«. Weil ich dachte, du würdest manchmal Böses tun, habe ich aufgehört, dir für das Lächeln meiner Tochter zu danken, für den köstlichen Geschmack einer roten Grapefruit, den Anblick der Meeresbrandung oder den Klang eines freundlichen Lachens, oder …

Ich habe mich geirrt, und ich danke dir für …

5

»Alles Böse hat seinen Ursprung in eurem Streben nach Unabhängigkeit, und ihr habt diese Unabhängigkeit selbst gewählt. Würde ich einfach alle eure Entscheidungen annullieren, die aus dem Streben nach Unabhängigkeit getroffen wurden, würde die Welt, wie ihr sie kennt, aufhören zu existieren, und die Liebe wäre ohne Sinn.«

Unabhängigkeit war niemals eine deiner Eigenschaften. Ich selbst habe sie gewählt und erklärt, zu meinem großen Schaden. Danke, dass du mich trotzdem in deinen Tanz der Zuneigung einbeziehst. Dieser Tanz kommt mir fremd vor und doch hast du ihn als natürlichen Bestandteil meines Wesens in mich hineingelegt.

»Diese Welt ist kein Spielplatz, wo ich
alle meine Kinder vor dem Bösen behüte.
Das Böse ist das Chaos dieses Zeitalters.
Und ihr selbst habt es zu mir gebracht,
aber es wird nicht das letzte Wort haben.«

Wie unglaublich und »anders« ist dein Charakter! Unermüdlich spendest du uns Erlösung von unseren Katastrophen, obwohl wir stets dir an ihnen die Schuld geben.

7 NOVEMBER

»*Wenn ich die Menschen vor den Folgen ihrer Entscheidungen beschütze, zerstöre ich die Liebe. Erzwungene Liebe ist keine Liebe.*«

Wahre Liebe erfordert wahre Freiheit und die Bereitschaft, wirkliche Risiken einzugehen. Jesus, danke, dass du den Preis dafür zahlst, was wir in unserer Freiheit getan haben und tun. Danke auch dafür, dass du es uns erlaubst, mit dir an unserer Seite die Konsequenzen unserer Entscheidungen zu erfahren. Das ist Teil unseres Erwachsenwerdens.

»Ihr und diese Schöpfung seid einfach unglaublich, ob ihr das versteht oder nicht. Ihr seid unvorstellbar großartig.«

Wir gehen so unglaublich hart mit uns selbst ins Gericht. Wir sind unsere schlimmsten Kritiker. Gewähre uns kurze Ausblicke auf das Wunderbare, das wir sind – viel wunderbarer sind wir, als wir es uns vorstellen können.

»Vergiss nicht, dass ihr inmitten all eurer Leiden und Schmerzen von Schönheit umgeben seid, dem Wunder der Schöpfung, eurer Musik und Kultur, von Lachen und Liebe, von Hoffnung und frohen Festen, von neuem Leben und Transformation, von Aussöhnung und Vergebung.«

Manchmal bewirkt die Dunkelheit, dass ich die Freuden vergesse, die du mir geschenkt hast, die Menschen vergesse, durch die du Licht und Staunen in mein Leben gebracht hast. Heute danke ich dir für diese kostbaren Geschenke …

»Welche eurer Entscheidungen sollten wir also rückgängig machen, Mackenzie? Vielleicht hätte ich diese Schöpfung niemals erschaffen sollen? Vielleicht hätte ich Adam aufhalten sollen, ehe er sich für die Unabhängigkeit entschied? Was ist mit deiner Entscheidung, noch eine Tochter zu bekommen, oder mit der Entscheidung deines Vaters, seinen Sohn zu prügeln? Du forderst deine Unabhängigkeit, aber dann beklagst du dich darüber, dass ich, weil ich dich so sehr liebe, sie dir tatsächlich gewähre.«

Ständig jammere ich herum und beklage mich. Meine Vorwürfe offenbaren, wie wenig ich deinem Charakter vertraue. Zum Glück weißt du, im Gegensatz zu mir, ganz genau, wer du bist. Deine Zuneigung überwindet die Kluft, die ich mit meiner Nörgelei erzeuge.

11 NOVEMBER

»Meine Absichten dienen nicht meinem Wohlbefinden oder deinem. Meine Absichten sind immer und ausschließlich Ausdruck der Liebe. Meine Absicht ist es, aus dem Tod Leben hervorzubringen, aus Gebrochenheit Frieden zu erzeugen und Dunkelheit in Licht zu verwandeln.«

Jesus, ich glaube, dass es in dir oder dem Vater keine Dunkelheit gibt, und im Heiligen Geist ganz gewiss auch nicht. Ihr seid eine Familie, in der es nur Licht, Liebe und Einssein gibt. Ihr habt auf meine Dunkelheit, meine Zerrissenheit und den Tod geantwortet durch Heilung und Wiederauferstehung.

»Was du als Chaos wahrnimmst, sehe ich als Fraktal. Alle Dinge müssen sich entfalten, selbst wenn das alle, die ich liebe, in eurer Welt schrecklichen Tragödien aussetzt – sogar jene, die mir am nächsten stehen.«

Inmitten dieses Chaos, das wir Leben nennen, öffne du meine Augen, auf dass ich die Gegenwart des Heiligen Geistes und erlösenden Genies sehe.

»Genau. Ich liebe diesen Jungen.« Papa blickte weg und schüttelte den Kopf. »Alles dreht sich um ihn, weißt du. Eines Tages werdet ihr verstehen, was er für euch aufgegeben hat. Worte reichen nicht aus, um es zu beschreiben.«

Papa, in der Kindheit wurde mir beigebracht, dass Jesus deinen Zorn ertragen musste, um herauszufinden, dass es unser Zorn war, dem er sich unterwarf, um uns so anzunehmen, wie wir sind. Schon vor der Schöpfung habt ihr dies in uns hineingelegt (Hebräer 12,3).

»Wie schon gesagt, alles dreht sich um ihn.
Die ganze Schöpfung und die ganze Geschichte
drehen sich um Jesus. Er ist das Zentrum
unserer Absichten, und in ihm sind wir jetzt
durch und durch menschlich, und so sind
unsere Absichten und euer Schicksal für
immer verknüpft. Man könnte sagen, dass wir
alles auf die menschliche Karte gesetzt haben.
Es gibt keinen Plan B.«

Jesus, du bist die einzige Hoffnung für mich als menschliches Wesen und für den erschaffenen Kosmos. Die Natur einer so bereitwilligen, hingebungsvollen Liebe ist für mich unbegreiflich.

15 NOVEMBER

»Papa, eines verstehe ich noch nicht. Vielleicht kannst du es mir erklären? Was genau hat Jesus durch seinen Tod bewirkt?«

Ihr Blick war immer noch auf den Wald gerichtet. »Oh«, sie wedelte mit der Hand. »Nicht viel. Nur die Substanz von allem, was die Liebe vom Anbeginn an wollte, noch vor Anbeginn der Schöpfung«, stellte Papa nüchtern fest.

Seit jeher hast du an jeden Einzelnen von uns gedacht, und von dieser Zuneigung bist du niemals abgewichen.

16

Papa beugte sich vor und stützte sich mit verschränkten Armen auf den Tisch.

»Liebling, du wolltest wissen, was Jesus am Kreuz vollbracht hat. Höre mir also jetzt gut zu: Durch seinen Tod und seine Auferstehung bin ich jetzt völlig mit der Welt ausgesöhnt.«

»Mit der ganzen Welt? Du meinst mit jenen, die an dich glauben?«

»Mit der ganzen Welt, Mack.«

Das sind deine Worte, nicht meine (2. Korinther 5,18-19). Sie machen mich demütig und still.

»*Aber Aussöhnung ist keine Einbahnstraße.
Meinen Teil habe ich getan, absolut, vollständig,
für alle Zeiten. Es ist nicht das Wesen der Liebe,
eine Beziehung zu erzwingen, aber es ist das
Wesen der Liebe, den Weg zu bereiten.*«

*Was hält mich von dir fern?
Warum widersetze ich mich
einer solchen Liebe? Warum
laufe ich vor dem davon, der mich am
besten kennt und mich am meisten liebt?*

»Warst du die ganze Zeit bei mir?«, fragte Mack.

18

»Natürlich. Ich bin immer bei dir.«

»Wie kommt es dann, dass ich nichts davon gemerkt habe?«, fragte Mack. »Sonst habe ich in letzter Zeit immer gespürt, wenn du in der Nähe bist.«

»Ob du das spürst oder nicht«, erklärte sie ihm, »hat überhaupt nichts damit zu tun, ob ich tatsächlich da bin oder nicht. Ich bin immer bei dir. Manchmal möchte ich, dass du dir dessen auf besondere Weise bewusst wirst – absichtsvoller.«

Einst dachte ich, ich müsste dich spüren, um an dich glauben zu können. Wenn ich dich spüre, bin ich dafür dankbar, aber es ist nicht mehr entscheidend. Ich bin dabei, erwachsen zu werden und dich wirklich kennenzulernen. Heute ruhe ich in diesem Wissen.

19 NOVEMBER

»Werde ich von jetzt an immer in der Lage sein, dich zu sehen oder zu hören, auch wenn ich wieder zu Hause bin?«

»Mackenzie, du kannst immer mit mir reden, und ich werde immer bei dir sein, ob du meine Gegenwart spürst oder nicht.«

»Das weiß ich jetzt, aber wie werde ich dich hören?«

»Du wirst lernen, meine Gedanken in deinen zu hören, Mackenzie«, versicherte Sarayu ihm.

Weißt du, wie taub ich bin? Ich habe mich durch viele Stimmen verwirren lassen. Lehre mich, deine Stimme deutlich herauszuhören, deine Gedanken in meinen zu hören, dich genau dort zu hören, wo das Leben stattfindet.

»Was ist, wenn ich Fehler mache?«

Sarayu lachte, und es klang wie eine Musik, komponiert aus rauschendem Wasser. »Natürlich wirst du Fehler machen. Alle machen Fehler, aber du wirst meine Stimme immer besser erkennen, je mehr wir unsere Beziehung weiterentwickeln.«

Lehre mich, über mich selbst zu lachen.

21

»Ich will keine Fehler machen«, brummte Mack.

»Oh, Mackenzie«, erwiderte Sarayu, »Fehler sind ein Teil des Lebens, und Papa nutzt auch sie, um seine Absichten zu verwirklichen.«

Ich halte das für ein Zeichen, dass ich mich weiterentwickle. Ich fange an, mir einzugestehen, dass auch ich Fehler mache. Ich bin viel zu eingebildet!

»*Gefühle sind die Farben der Seele.
Sie sind spektakulär und wunderbar.
Wenn du nicht fühlst, wird die Welt
dumpf und farblos. Überlege einmal,
wie sehr die Große Traurigkeit die
Farben in deinem Leben reduziert hat,
sodass es nur noch matte Grautöne und
Schwarz gab.*«

*Bitte heile mich, sodass ich nicht nur die
volle Bandbreite meiner Emotionen
erlebe, sondern sogar lerne, ihnen zu
vertrauen. Danke für meine Emotionen!*

»*Mackenzie!*«, *schalt sie ihn, aber auf eine sehr liebevolle Weise.* »*Die Bibel lehrt dich nicht, Regeln zu gehorchen. Sie ist ein Bild von Jesus. Zwar können Worte dir sagen, wie Gott ist, und vielleicht sogar, was er von dir erwartet, aber nichts davon kannst du allein auf dich gestellt erreichen.*«

Der Tag wird kommen, an dem wir keine einzige Regel mehr brauchen. Schon der Gedanke, unsere Brüder und Schwestern nicht stärker zu lieben als uns selbst, wird uns erschrecken lassen. Und es wird uns eine Ehre sein, unser Leben zu geben für ihr Wohl. In Gottes Königreich gibt es keinen Stacheldraht.

24

»Du kannst dein Leben nur in Gott leben.«

Jesus, du bist die Quelle und der
Sinn meiner Existenz. Ohne dich
werde ich mich selbst niemals
kennen und andere ebenso wenig.

»Es stimmt, dass Beziehungen viel komplexer sind als Regeln, aber Regeln können dir niemals Antworten liefern auf die tiefen Fragen des Herzens, und sie werden dich niemals lieben.«

Ich weiß, dass meine Beziehungen zu anderen schwierig sind, weil ich eine beschädigte Seele bin und ich ihnen deshalb viele Probleme bereite. Aber von einem traumatisierten Menschen geliebt zu werden, ist immer noch besser, als mit Regeln und Erwartungen zu kuscheln.

26

»In der Religion geht es darum, die richtigen Antworten zu haben, und manche Antworten der Kirche sind ja auch richtig. Aber ich bin der Prozess, der dich zu der lebendigen Antwort führt, und diese Antwort wird dich von innen heraus verändern.«

Es war immer schon einfacher, recht zu haben als zu lieben.

27 NOVEMBER

»Werde ich dich also wiedersehen?«, fragte er zögernd.

»Natürlich. Du kannst mich in einem Gemälde sehen, einem Musikstück, einem Menschen oder in der Schöpfung oder in deinen Freuden und Sorgen. Meine Fähigkeit zu kommunizieren ist grenzenlos, lebendig und transformierend, und sie ist immer auf Papas Güte und Liebe ausgerichtet.«

Heiliger Geist, hilf mir, meine »kirchliche Brille« abzunehmen und zu sehen, was wirklich in Jesus' Welt geschieht. Öffne mir Herz und Sinne, damit ich all die vielen Arten wahrnehme, wie du zu mir singst.

»Und du wirst mich auch in der Bibel auf frische, neue Weise entdecken. Halte nicht nach Regeln und Prinzipien Ausschau, sondern nach Beziehung – nach einem Weg, mit uns zusammen zu sein.«

Um auf neue, frische Weise sehen zu können, muss ich mir erst einmal eingestehen, dass gegenwärtig mein Blick getrübt ist … ja, mein Sehvermögen ist stark beeinträchtigt.

29

»Das wird aber immer noch nicht dasselbe sein, wie mit dir hier im Kanu zu sitzen.«

»Nein, es wird sogar noch viel besser sein als alles, was du bislang kennst, Mackenzie. Und wenn du eines Tages in dieser Welt für immer einschläfst, werden wir eine ganze Ewigkeit miteinander verbringen – von Angesicht zu Angesicht.«

Heiliger Geist, hilf mir, in alltäglichen Gesprächen, Sonnenuntergängen, Lachen und Traurigkeit dich zu sehen. Danke, dass du mir eine Zukunft und eine Hoffnung gibst. Ich liebe dich.

Während Mack aß, verfolgte er das Wortgeplänkel der drei. Sie redeten und lachten wie alte Freunde, die einander gut kannten. Er sagte sich, dass dies vermutlich auf seine Gastgeber mehr zutraf als auf irgendjemanden sonst innerhalb oder außerhalb der Schöpfung. Er beneidete sie um diese heitere und zugleich von gegenseitigem Respekt getragene Unterhaltung und fragte sich, was ihn eigentlich daran hinderte, auch mit Nan und vielleicht sogar einigen seiner Freunde solche Gespräche zu führen.

»Was hindert uns eigentlich daran?«, ist die Frage, der wir uns gegenübersehen. Meistens weiß ich nicht, wie ich es dorthin schaffen soll. Aber, Heiliger Geist, du bist brillant.

1 DEZEMBER

»Warum liebt ihr mich, obwohl ich euch doch gar nichts zu bieten habe?«

»Ist es denn nicht ein sehr befreiendes Gefühl«, antwortete Jesus, »dass du uns nichts zu bieten hast, jedenfalls nichts, was unserem Sein etwas hinzufügt oder ihm etwas nimmt? Das befreit dich von jedem Druck, in der Beziehung zu uns etwas leisten zu müssen.«

»Ich bin nicht liebenswert« – die Lüge, die zum Mantra unseres Lebens wird. Aber wir werden akzeptiert und geliebt, und wenn diese Freiheit in unseren gebrochenen Seelen wächst, beginnen wir, Zuneigung einzuatmen und Gnade auszuatmen.

»Warum habt ihr uns dann also diese
Gebote gegeben?«, fragte Mack.

»Wir wollten, dass ihr den Versuch
aufgebt, aus eigener Kraft rechtschaffen
sein zu wollen. Die Gebote waren
ein Spiegel, der euch zeigen sollte,
wie schmutzig euer Gesicht wird,
wenn ihr ein unabhängiges Leben führt.«

Ich schaute in den Spiegel und sah den Schmutz und
Dreck meiner Entscheidungen. Die Religion fordert,
dass ich den Spiegel benutzen soll, um mich selbst zu
reinigen. Das hat nie funktioniert, wie sehr ich auch kratzte
und schabte. Doch jetzt flüsterst du mir zu, dass der Spiegel
nur dazu gedacht ist, mir den Weg zu dir zu weisen, und
dass du mein Herz wäschst und meine Seele reinigst.

»Deshalb hat Jesus alle Gebote bereits für euch erfüllt – sodass sie keine Macht mehr über euch haben. Und das Gesetz, das einmal unerfüllbare Anforderungen enthielt – Du Sollst Nicht … – wird zu einer Verheißung, die wir in euch erfüllen.«

Das heißt, ich werde, weil du in mir lebst, ein Mensch sein, der nicht lügt, stiehlt, Ehebruch begeht, nach dem Besitz anderer giert, falsche Idole erschafft, nach denen er sein Leben ausrichtet etc.

»Jene, die Angst vor der Freiheit haben,
sind jene, die auch nicht darauf vertrauen,
dass wir in ihnen leben können. Wer versucht,
den Gesetzen gemäß zu leben, erklärt damit
gleichzeitig seine Unabhängigkeit von uns. Es ist
ein Versuch, Macht und Kontrolle zu behalten.«

*E*in nasser Hund riecht schlimmer als ein
Skunk, doch sind beide Parfüm für die Seele,
wenn sie neben einem Menschen stehen,
der felsenfest überzeugt ist, nach dem Gesetz zu
handeln und daher alles richtig zu machen.

5 DEZEMBER

»Und ganz im Gegensatz zu dem Bild,
das ihr euch von mir macht, liebe ich die
Unsicherheit. Regeln und Gebote können
euch keine Freiheit geben. Sie haben nur die
Macht, anzuklagen und zu verurteilen.«

Nur wenn ich es nicht weiß, wenn ich
unsicher bin, halte ich inne, bitte um
Führung und höre zu. Wie verloren
und verirrt bin ich, wenn ich mir sicher bin,
auf dem richtigen Weg zu sein?

6

»Ich schenke euch die Fähigkeit zu reagieren, und eure Reaktion ist es, in jeder Situation frei dafür zu sein, zu lieben und zu dienen. Und deshalb ist jeder Augenblick anders und einzigartig und wunderbar. Weil ich eure Fähigkeit zu reagieren bin, muss ich in euch gegenwärtig sein. Würde ich euch einfach eine Verantwortung auferlegen, müsste ich überhaupt nicht bei euch sein. Dann hättet ihr eine Aufgabe, die ihr erledigen müsstet, eine Verpflichtung, die ihr erfüllen müsstet. Dann könntet ihr versagen.«

Die Fähigkeit, offen zu antworten, statt auf Verantwortung zu pochen, Freiheit und Beziehung statt Religion und Leistung … zwei gegensätzliche Welten.

7

»*Wenn wir einander sehen oder gerade voneinander getrennt sind, erwarten wir, dass wir Zeit zusammen verbringen, fröhlich sind und miteinander reden. Dieses Erwarten ist ein Verb, etwas Fließendes, das nicht konkret definiert ist. Es ist lebendig und dynamisch und alles, was aus unserer Zweisamkeit erwächst, ist ein einzigartiges Geschenk, das nur uns beiden gehört. Aber was geschieht, wenn ich aus diesem unspezifischen, lebendigen Erwarten ein starres Substantiv mache, eine feste, auf Regeln beruhende Erwartung – sei es explizit oder unausgesprochen? Plötzlich gibt es dann in unserer Freundschaft Gesetze. Nun musst du dich in einer Weise verhalten, die meinen streng definierten Erwartungen entspricht. Unsere lebendige Freundschaft degeneriert zu etwas Totem, Starrem. Es geht nicht länger um dich und mich, sondern darum, welche Rechte und Pflichten Freunde haben, welche Verantwortung eine Freundschaft mit sich bringt.*«

Das will ich nicht!

»Willst du damit sagen, dass ihr überhaupt keine
Erwartungen an mich habt?«

Nun ergriff Papa wieder das Wort. »Mein Liebling,
ich habe niemals irgendetwas von dir oder einem anderen
Menschen erwartet. Hinter Erwartungen steht die
Vorstellung, dass jemand die Zukunft nicht kennt und
versucht, das Verhalten anderer zu kontrollieren, um die
von ihm gewünschten Resultate zu erzielen. Die Menschen
versuchen, das Verhalten anderer überwiegend durch
Erwartungen zu kontrollieren. Ich aber kenne euch und
weiß alles über euch. Warum sollte ich etwas anderes
erwarten als das, was ich bereits weiß? Das wäre dumm.
Und: Weil ich nichts von euch erwarte, könnt ihr
mich niemals enttäuschen.«

Dafür LIEBE ich dich!

9 DEZEMBER

»Was? Du warst noch nie von mir enttäuscht?«
Das zu verdauen fiel Mack schwer.

»Noch nie!«, sagte Papa mit Nachdruck. »In meiner
Beziehung zu dir gibt es ein ständiges, lebendiges
Erwarten, und ich habe dich mit der Fähigkeit
ausgestattet, auf alle Situationen und Umstände zu
reagieren, mit denen du konfrontiert wirst.«

Ich habe Tausende von Predigten gehört, aber
keine von ihnen vermittelte mir, dass Gott keine
Erwartungen an mich hat. Die ganze religiöse
Welt ächzt unter der Last göttlicher Erwartungen.
Was wird geschehen, wenn wir herausfinden, dass es
diese Erwartungen gar nicht gibt?

»In dem Maße, in dem du dich in Erwartungen und Verantwortlichkeiten flüchtest, kennst du mich nicht und vertraust mir nicht.«

»Und«, sagte Jesus, »dementsprechend groß wird deine Angst sein.«

Der Gedanke, dass Papa nicht von mir enttäuscht ist, erscheint mir unfassbar. Wie kann das sein? Gott ist nicht angewidert von meinen Problemen und mir? Also, die Sache muss doch einen Haken haben. Und den hat sie tatsächlich: Du hast mich gefangen in deiner Liebe.

»Wenn du Gott an die Spitze setzt, was heißt das dann, und wie viel ist genug? Wie viel Zeit widmest du mir, bevor du dich deinen sonstigen Interessen zuwenden kannst, die dir viel wichtiger sind?« Papa mischte sich wieder ein. »Weißt du, Mackenzie, ich will nicht bloß ein Stück von dir, einen Teil deines Lebens. Selbst wenn du in der Lage wärst, was du nicht bist, mir den größten Teil zu geben, ist das nicht das, was ich will. Ich will dich ganz und gar und deine gesamte Zeit.«

Das will ich auch.

Nun sprach Jesus wieder: »Mack, ich will
nicht der Erste auf einer Liste deiner Werte sein.
Ich will im Mittelpunkt von allem stehen.«

Und das tust du! Alles, was wir lieben, alle unsere
Bürden, die Musik unserer Seelen, die Sehnsüchte,
der Schmerz, die Freuden – alles hat seinen
Ursprung in dir, Jesus, und in deiner Beziehung zum Vater
und dem Heiligen Geist. Lehre mich, dich nicht bloß oben
auf meine Prioritätenliste zu setzen, sondern dich zum
Mittelpunkt meines Lebens zu machen.

13 DEZEMBER

»Statt an der Spitze einer Pyramide zu stehen, möchte ich das Zentrum eines Mobiles sein, wo alles, was Teil deines Lebens ist – deine Freunde, deine Familie, dein Beruf, deine Gedanken und Aktivitäten –, mit mir verbunden ist und sich im Wind hin und her bewegt, in einem wunderbaren Tanz des Seins.«

»Nichts ist ein Ritual, Mack«, sagte Papa.

Ich bin dankbar für Traditionen, Feste, für Rituale, die mein Denken und sogar mein Herz zentrieren, aber wenn ich keine echte Beziehung zu dem habe, auf den sie verweisen, werden sie zu einem tödlichen Gift.

14

»Daddy, es tut mir so leid!
Daddy, ich liebe dich!« Das
Licht seiner Worte schien die
Dunkelheit aus den Farben
seines Vaters zu vertreiben,
sodass sie blutrot aufleuchteten.
Schluchzend gestanden sie
einander ihre Schuld ein
und sprachen Worte der
Vergebung. Und eine Liebe,
die größer war als sie beide,
durchdrang sie und heilte sie.

Es befreit uns, wenn wir erkennen, was mein
Vater in seiner Vergangenheit erdulden musste
und wie großartig er es bewältigte. Wir alle
brauchen Vergebung. Wir alle brauchen es, zu vergeben.

15

Mack schüttelte den Kopf. »Du treibst immer noch deinen Spaß mit mir, nicht wahr?«

»Klar doch«, sagte Papa mit einem warmherzigen Lächeln, und dann beantwortete er Macks nächste Frage, ehe dieser dazu kam, sie zu stellen: »An diesem Morgen wirst du einen Vater brauchen. Komm jetzt, lass uns gehen!«

Mack nickte. Er fragte gar nicht erst, wohin sie gehen würden. Wenn Papa wollte, dass er es erfuhr, hätte er es ihm bereits gesagt.

Vertrauen! Es ist nicht leicht, es zu entwickeln, aber wenn ich es in mir spüre, wenigstens ansatzweise, muss ich lächeln.

»Der Kreis schließt sich nun. Dass du gestern deinem Vater vergeben hast, war ein wichtiger Schritt, der es dir ermöglicht, mich heute als Vater wahrzunehmen. … Heute befinden wir uns auf einem Pfad der Heilung, der diesen Teil deiner Reise zum Abschluss bringen soll – nicht nur für dich, sondern auch für andere.«

Wunden, Schrecken und Trauma hinterlassen ihre Narben auf der Seele. Menschen, die ihren Kindern Schmerzen zufügen, sind selbst schrecklich verwundet. Das ist keine Entschuldigung! Aber es öffnet die Tür zum Mitgefühl.

17 DEZEMBER

»Momentan kann ich dir als Antwort nur
meine Liebe und Güte anbieten, und meine
Beziehung zu dir. Ich habe Missys Tod nicht
beabsichtigt, aber das heißt nicht, dass ich ihn
nicht für gute Zwecke nutzen kann.«

M anchmal denke ich, dass ich eine
Antwort will, aber in Wirklichkeit
will ich, dass du mich verstehst, dass
du meine Tränen trocknest, dass ich deine Sanftheit
spüre und spüre, dass du bei mir bist. Danke,
dass du weißt, wann Worte mein Herz nicht heilen
können, sondern nur deine Gegenwart.

18

»Ich vertraue dir ...« Und plötzlich war das wie ein neuer Gedanke, überraschend und wunderbar. »Papa, ja, ich vertraue dir!«

Ich möchte dir vertrauen! Du weißt das. Und du weißt auch, dass ich mich vor dem fürchte, was es bedeutet.

19 DEZEMBER

»Das geschieht nicht, um dich zu beschämen. Ich habe nichts übrig für Demütigungen, Schuldgefühle oder Verdammnis. Sie tragen nichts dazu bei, euch heiler und rechtschaffener zu machen, und deshalb wurden sie mit Jesus für immer ans Kreuz genagelt.«

Ich weiß, dass meine Scham meine Fähigkeit zerstört hat, zwischen einer bloßen Beobachtung und einem Werturteil zu unterscheiden. Verzweifelt kämpfe ich darum, das Offensichtliche zu verbergen, und ich überreagiere, wenn jemand, selbst wenn du dieser Jemand bist, mich auf meine Fehler hinweist. Ich schäme mich so, dass ich kein besserer Mensch gewesen bin. Heile mich, sodass ich mich in meinem Herzen mit all seiner Unvollkommenheit zu Hause fühle.

20

»Vergebung hat nichts mit Vergessen zu tun, Mack.
Sie bedeutet, dass du damit aufhörst, einem anderen
Menschen an die Kehle zu gehen.«

Ehrlich gesagt, habe ich den größten Teil meines
Lebens damit zugebracht, mir selbst an die Kehle
zu gehen. Mir selbst zu vergeben, mich aus
meinem eigenen strengen Urteil zu entlassen, fällt mir am
schwersten. Mitgefühl ist die Frucht der Selbsterkenntnis,
die Einladung dazu, sich selbst zu akzeptieren, und das
geschah erst, als ich dein Lächeln sah.

21 DEZEMBER

»Durch Vergebung wird keine Beziehung geschaffen. In Jesus habe ich allen Menschen ihre Sünden gegen mich vergeben, aber nur manche entschließen sich, mit mir eine Beziehung einzugehen.«

Ich weiß, dass du uns für alle Zeiten vergeben hast. Aber danke dafür, dass du dich damit nicht zufrieden gibst, sondern unaufhörlich danach strebst, mit uns in Beziehung zu treten.

»Ich habe dir doch schon gesagt, dass durch Vergebung keine Beziehung geschaffen wird. Solange Menschen sich nicht zu ihren Taten bekennen und ihr Verhalten ändern, ist eine auf Vertrauen basierende Beziehung nicht möglich. Wenn du einem Menschen vergibst, gibst du ihn frei und urteilst nicht länger über ihn, aber ohne eine echte Veränderung auf seiner Seite kann keine wirkliche Beziehung zwischen euch entstehen.«

Jetzt verstehe ich, warum Geständnisse (einem anderen Menschen zu sagen, auf welche Weise ich ihm Unrecht getan habe) und Buße (mit der Zeit meine Gedanken und mein Verhalten ändern) für echte Beziehungen entscheidend wichtig sind. Hilf mir, mutig zu sein.

23

»Als Jesus jenen vergab, die ihn ans Kreuz
schlugen, standen sie nicht länger in seiner Schuld
oder in meiner. In meiner Beziehung zu diesen
Männern werde ich ihnen niemals vorhalten,
was sie getan haben. Ich werde ihnen niemals
Vorwürfe machen oder sie verurteilen.«

Und doch weiß ich, dass du sie ihre Schuld
gestehen lassen und sie büßen lassen wirst,
so wie du es auch mit mir gemacht hast.
Das ist ein hartes, aber wundervolles Geschenk, das
unsere Herzen heilt.

DEZEMBER 24

»Vergebung ist in erster Linie heilend für den,
der vergibt. Denn du befreist dich von etwas, das
dich sonst bei lebendigem Leib auffressen wird,
das deine Freude zerstört und dich daran hindert,
wirklich bedingungslos zu lieben. … Wenn du einem
Menschen vergibst, liebst du ihn auf gute Weise.«

Ich sage es, bis ich es weiß,
Auch wenn es Millionen Atemzüge dauert.
Ich flüstere: Ich vergebe dir,
Bis der Tod mich nicht mehr im Griff hat,
Der mich einmal zu deinem Herrn
Und zweimal zu deinem Sklaven machte.
Und gemeinsam werden wir eines Tages aufsammeln,
Was von der zerbrochenen Liebe übrig ist,
Und in uns werden wir entdecken
Die Sanftheit von Löwe und Taube.

25 DEZEMBER

Dann tauchte Jesus aus der Dunkelheit auf, und ein gewaltiger Begeisterungssturm brach los. Er war in ein einfaches strahlend weißes Gewand gehüllt und trug eine einfache goldene Krone auf dem Kopf, aber er war durch und durch der König des Universums. Er ging durch die Gasse, die man für ihn gebildet hatte, einen Pfad zum Zentrum der Schöpfung. Jesus selbst war dieses Zentrum – der Mensch, der Gott ist, und der Gott, der Mensch ist. Licht und Farben tanzten und woben einen Teppich der Liebe, auf dem Jesus vorwärts schreiten konnte. … Alle Wesen, die eine Stimme hatten, sangen ein Lied unendlicher Liebe und Dankbarkeit. In dieser Nacht war das Universum so, wie es sein sollte.

»Vergebung bedeutet in keiner Weise, dass du
denen vertrauen sollst, denen du vergibst. Wenn
sie aber endlich ihre Taten bekennen und bereuen,
wirst du in deinem Herzen ein Wunder entdecken,
das es dir ermöglicht, zwischen euch eine Brücke
der Versöhnung zu bauen. Und manchmal – und
das wird dir jetzt noch undenkbar erscheinen –
kann diese Brücke dich sogar zu einer völligen
Wiederherstellung des Vertrauens führen.«

Oh Barmherziger Wundenheiler und Alles Vergebender
Einer, bitte höre mein schmerzgeplagtes Gebet für die
Verirrten und Gebrochenen. Wir führen Krieg gegen
uns selbst und gegeneinander. Wir brauchen ein Wunder.

»Schätze niemals das Wunder deiner Tränen
gering. Sie können heilende Wasser sein und
ein Strom der Freude. Manchmal sind sie die
besten Worte, die das Herz sprechen kann. …
Diese Welt ist voller Tränen, aber vergiss nicht:
Ich habe versprochen, dass ich es sein werde,
der sie euch trocknen wird.«

Jetzt, wo du mein Herz geheilt und deine
Sehnsucht und Zuneigung mit mir geteilt
hast, füllen sich meine Augen öfter mit
Tränen. Dafür danke ich dir. Ich erinnere mich
noch an die Zeit, als ich nicht weinen konnte.

»Ist das, was ich zu Hause tun werde, von Bedeutung? Spielt es eine Rolle? Eigentlich ist es mein ganzer Lebensinhalt, zu arbeiten und mich um meine Familie und meine Freunde zu kümmern …«

Sarayu unterbrach ihn. »Mack, wenn etwas eine Rolle spielt, dann spielt alles eine Rolle. Weil du wichtig bist, ist alles, was du tust, wichtig.«

Gestern schlief ich bis zehn, schaute mir Fußball an, fütterte den Hund, machte den Abwasch, hatte ein paar alltägliche Gespräche und schlief um 21.30 Uhr in meinem Sessel ein. Danke! Jeder Tag ist ein heiliger Tag. Alles ist wichtig.

29 DEZEMBER

»Jedes Mal wenn du vergibst, verändert sich das Universum. Jedes Mal wenn du anderen Menschen die Hand reichst und dich ihnen öffnest, verändert sich die Welt. Durch jede liebevolle und mitfühlende Handlung werden meine Absichten erfüllt, und nichts wird mehr sein wie vorher.«

Darf ich deine Gegenwart in meinem Leben als festen Wohnsitz betrachten, nicht als gelegentlichen Besuch? Du hast dich nicht dafür entschieden, Herr, ohne uns zu sein. Danke, dass du meine aktive Mitwirkung wünschst.

Wenn Sie Gelegenheit haben, Mack kennenzulernen, werden Sie bald herausfinden, dass er auf eine neue Revolution hofft, eine Revolution der Liebe und Güte – eine Revolution, die sich um Jesus dreht und das, was Jesus für uns alle getan hat und was er auch weiterhin in jedem von uns bewirkt, in jedem, der nach Aussöhnung und einem Zuhause hungert.

D*iese Revolution begann schon bei der Schöpfung, aber für uns ist sie neu – eine Revolution der Liebe und eine Reformation voller Wunder.*

31 DEZEMBER

Diese Revolution wird nichts Bestehendes umstürzen, und wenn doch, dann auf völlig unvorhersehbaren Wegen. Stattdessen wird sie in der stillen täglichen Kraft des Sterbens, Dienens, Liebens und Lachens liegen, in einfacher Sanftheit und unerkannter Güte, denn wenn etwas eine Rolle spielt, dann spielt alles eine Rolle.

Vater, Sohn und Heiliger Geist, ich möchte Teil deines Lebens und deiner Liebe sein und von dir lernen, während wir still und von deiner Kraft erfüllt unseren Alltag durchleben. Schenke uns Augen, die dich und deine unendliche Güte sehen, während wir dem vergangenen Jahr Lebewohl sagen und unsere Herzen für das neue Jahr öffnen.

Menschen, die zu diesem Buch beitrugen

Alexandra (Lexi) Young – eine Poetin, die unter die Oberfläche zu schauen vermag, die richtigen Fragen stellt und von anderen Aufrichtigkeit und Klarheit einfordert. Sie ist eine Übersetzerin und hilft den Menschen, wieder auf ihr Herz zu hören.

Amy Young – eine starke und sanfte junge Frau, leidenschaftlich in allem, was sie tut. Sie ist eine mitfühlende Seele und eine wirklich gute Zuhörerin. Sie sieht die Dinge in einem klaren Licht und hat einen tiefen, starken Sinn für Gerechtigkeit.

C. Baxter Kruger – brillanter Gentleman-Theologe der alten Schule. Erwarb seinen Doktorgrad in Aberdeen, Schottland. Er hat zahlreiche Bücher geschrieben. Aktuell ist erschienen: Wie wir Gott begegnen: DIE HÜTTE und das neue Bild von Gott. Sie finden ihn im Internet unter www.thegreatdance.com.

Danny Ellis – irischer Singer-Songwriter, dessen Album 800 Voices zu meinen absoluten Lieblings-CDs gehört (bald wird es dazu auch ein Buch und eine Theaterproduktion geben). Nebenbei bemerkt: Er ist der Gesangs-lehrer von David Wilcox. Mehr über ihn und seine Songs erfahren Sie auf www.dannyellismusic.com.

David Garrat – Elder Statesman aus Neuseeland. Er und seine Frau Dale schufen Scripture in Song und hat-ten großen Einfluss auf die religiöse Musik in den 1960er und 1970er Jahren. David hat wie ich ein Herz für indigene Kulturen und ihren einzigartigen Beitrag. Mehr dazu auf www.davidanddalegarrat.com

Deb Copeland und Don Lucci – großherzige Diener der Menschheit.
Mehr über sie auf www.livetogiveagodthing.org.

John MacMurray – Theologe und professioneller Naturfotograf, dessen Arbeiten die Seiten von angesehenen Zeitschriften wie National Geographic und Sierra Club zierten. Einige seiner Arbeiten finden Sie auf www.creationcalendars.com

Larry Gillis – ein Haole, mit dem ich seit über dreißig Jahren befreundet bin. Er arbeitet als Berater für gebrochene Menschen wie mich. Und er bringt Leuten das Fliegen bei. In meinem Leben ist er ein großer Kahuna.

Lisa Closner – Ehefrau von Scott, einem meiner besten Freunde. Unsere Kinder gingen auf die gleiche Schule, und wir alle lieben einander noch immer. Lisa ist Theaterwissenschaftlerin und arbeitet als Schauspiellehrerin an einer Highschool. Sie und Scott engagieren sich für ein Waisenhaus in Honduras (www.wwh2h.org).

Mark P. Fisher – Mark leitet ein Team, das ganzjährig Retreats an der Chesapeake Bay anbietet. Mit seiner Frau zieht er eine Familie groß, die gute Fragen stellt. www.sandycove.org

Pam Mark Hall – eine Sängerin und Songwriterin, die Teil der Musikexplosion in den 1960er Jahren war und für den Grammy und den Dove Award nominiert wurde. Ich traf sie in den späten 1970er Jahren, aber sie erinnert sich nicht an mich. Ihre Musik und mehr auf www.pammarkhall.com.

Ron Graves – ein ganzer Kerl, Katholik irischer Herkunft, der ein Vierteljahrhundert semiprofessionell Rugby spielte, Lastwagen mit Giftmüll fährt, Gedichte schreibt und die schönsten Tagebücher führt, die ich je gesehen habe, randvoll mit Kunst und Texten, die mich schmunzeln lassen.

Und wie immer geht ein dankbares Kopfnicken an den kanadischen Singer-Songwriter Bruce Cockburn, dessen lyrisches Genie unvermeidlich irgendwo in meinen Worten lauert. Er hat inzwischen sogar seine eigene kanadische Briefmarke! www.brucecockburn.com

Die Bestseller zum Hören und Lesen

William Paul Young
Die Hütte
Ein Wochenende mit Gott

Ullstein Taschenbuch
ISBN 978-3-548-28403-3

William Paul Young
Die Hütte
Ein Wochenende mit Gott
Gelesen von
Johannes Steck

Hörbuch Hamburg
ISBN 978-3-89903-834-7

William Paul Young
Der Weg
Wenn Gott Dir eine
zweite Chance gibt

Allegria
ISBN 978-3-7934-2238-9

William Paul Young
Der Weg
Wenn Gott Dir eine zweite Chance gibt
Gelesen von Johannes Steck

Hörbuch Hamburg
ISBN 978-3-89903-557-5